内 容 简 介

本书是介绍陆战知识的科普图书，书中精心收录了读者广为关注的百余个热门问题，涵盖武器类型、武器构造、武器应用、作战形式等多个方面，对每个问题都进行了专业、准确和细致的解答。为了帮助读者理解复杂的军事知识，并增强图书的趣味性和观赏性，书中还配有丰富而精美的示意图和鉴赏图以及生动有趣的小知识。

本书内容结构严谨，分析讲解透彻，图片精美丰富，适合广大军事爱好者阅读和收藏，也可以作为青少年的科普读物。

本书封面贴有清华大学出版社防伪标签，无标签者不得销售。
版权所有，侵权必究。举报：010-62782989，beiqinquan@tup.tsinghua.edu.cn。

图书在版编目(CIP)数据

别告诉我你懂军事.陆战篇/《深度军事》编委会编著.—北京：清华大学出版社，2019（2024.7重印）
（新军迷系列丛书）
ISBN 978-7-302-50881-6

Ⅰ.①别… Ⅱ.①深… Ⅲ.①陆军装备—武器装备—图解 Ⅳ.① E92-64

中国版本图书馆 CIP 数据核字（2018）第 189835 号

责任编辑：李玉萍
封面设计：李　坤
责任校对：张彦彬
责任印制：杨　艳

出版发行：清华大学出版社
　　　　网　　址：https://www.tup.com.cn，https://www.wqxuetang.com
　　　　地　　址：北京清华大学学研大厦 A 座　　邮　　编：100084
　　　　社 总 机：010-83470000　　　　　　　　邮　　购：010-62786544
　　　　投稿与读者服务：010-62776969，c-service@tup.tsinghua.edu.cn
　　　　质 量 反 馈：010-62772015，zhiliang@tup.tsinghua.edu.cn
印 装 者：北京联兴盛业印刷股份有限公司
经　　销：全国新华书店
开　　本：146mm×210mm　　　印　　张：10.125　　　字　　数：227 千字
版　　次：2019 年 1 月第 1 版　　印　　次：2024 年 7 月第 9 次印刷
定　　价：49.80 元

产品编号：079112-01

前言

在冷兵器时代，陆战主要是由配有冷兵器的士兵结成一定阵形，以白刃格斗决胜负。这种以冷兵器杀伤作为陆战基本内容的格斗方式，经历了徒步格斗、车战和步骑战等阶段，持续了一个漫长的历史时期。火器的出现，特别是线膛武器的出现和广泛应用后，火力逐渐成为决定陆战胜负的一个重要因素。一战时，陆军部队装备了大量的机枪、火炮和少量的坦克，出现了步兵、炮兵、坦克在同一计划下，按目的、时间和地点协调一致的合同战斗。这种陆战，不仅以火力和突击消灭敌人，而且以迅速的机动，利用和发展突击的效果，使火力、突击和机动相结合成为奠定战斗胜负的基本要素。二战期间，大量坦克和飞机用于战场，与敌坦克、飞机、空降兵作斗争，成为陆战的重要内容。随着火力、突击、机动以及现代侦察能力的提高，防护的作用越来越大，陆战又有新的发展。

随着现代科学技术的发展，许多国家的陆军部队装备了导弹、核武器和新型坦克、火炮、各类先进的枪械、军车以及电子、红外等技术器材，军队的火力、突击力、机动力明显增强，防护力也有很大提高，严密组织对核、化学、生物武器袭击的防护和对精确制导武器的防护，已是现代陆战的重要因素之一。

现代陆战是立体的合同战斗，具有杀伤破坏力大、高度激烈紧张、情况变化快、战斗样式转换迅速、指挥协同复杂和勤务保障艰巨等特点。在地面战斗中，已由打步兵为主变为打装甲目标为主，同时还要打空降、打飞机。与武核、化学、生物武器和电子技术器材作斗争，已成为陆战的重要内容。

陆战武器在世界舞台上大放异彩，在保家卫国的同时，也吸引了广大军事爱好者的目光。本书精心收录了读者广为关注的百余个热门问题，涵盖武器类型、武器构造、武器应用、作战形式等多个方面，对每个问题都进行了专业、准确和细致的解答。为了帮助读者理解复杂的军事知识，并增强图书的趣味性和观赏性，书中还配有丰富而精美的示意图和鉴赏图以及生动有趣的小知识。

　　本书是真正面向军事爱好者的基础图书，特别适合作为广大军事爱好者的参考资料和青少年朋友的入门读物。全书由资深军事团队编写，力求内容的全面性、趣味性和观赏性。

　　本书由《深度军事》编委会创作，参与本书编写的人员有阳晓瑜、陈利华、高丽秋、龚川、何海涛、贺强、胡姝婷、黄启华、黎安芝、黎琪、黎绍文、卢刚、罗于华等。对于广大资深军事爱好者以及有意了解国防军事知识的青少年，本书不失为最有价值的科普读物。希望读者朋友们能够通过阅读本书，循序渐进地提高自己的军事素养。

目 录

第1章 陆战知识理论篇 ………………………………… 1

NO.1 坦克是如何"过河"的? ……………………………… 2
NO.2 制约坦克城市作战能力的因素是什么? …………… 5
NO.3 "坦克无用论"真的成立吗? ………………………… 8
NO.4 作为坦克主炮,哪种炮更好? ……………………… 10
NO.5 往坦克炮塔、炮管里扔手雷会摧毁坦克吗? ……… 13
NO.6 坦克如何抛壳? ……………………………………… 15
NO.7 坦克炸膛的后果是什么? …………………………… 18
NO.8 大口径榴弹炮在坦克周围爆炸,坦克会被摧毁吗? …. 21
NO.9 坦克火炮一般由几部分构成? ……………………… 23
NO.10 现代坦克是如何不打中友军的? ………………… 26
NO.11 坦克发射的炮弹类型有哪些? …………………… 28
NO.12 战场上,机枪手射击坦克有用吗? ……………… 31
NO.13 坦克炮的寿命是多少? …………………………… 34
NO.14 坦克里装有空调吗? ……………………………… 36
NO.15 狙击手打坦克是否有效? ………………………… 39
NO.16 坦克有哪些伪装防护? …………………………… 41

NO.17 坦克的垂直装甲与倾斜装甲相比有什么优势？ 44
NO.18 坦克炮管损坏后，能修复吗？ 47
NO.19 坦克的防护装置有哪些？ 49
NO.20 淘汰了的坦克会怎么处理？ 51
NO.21 "梅卡瓦"坦克上的迫击炮有多大的作用？ 54
NO.22 西方主战坦克是否都有自动装弹机？ 57
NO.23 现代坦克和"老坦克"有什么不同？ 59
NO.24 坦克遭到大量士兵围攻时，如何反击？ 62
NO.25 坦克常用的发动机有哪些？ 65
NO.26 坦克炮塔上可以安装防空导弹吗？ 67
NO.27 坦克炮装备灵巧炮弹有什么意义？ 70
NO.28 坦克被炸毁履带之后还能工作吗？ 72
NO.29 无人坦克的未来发展前景怎样？ 74
NO.30 坦克在移动中如何稳定炮管开炮？ 77
NO.31 坦克与自行火炮的区别？ 80
NO.32 坦克上的并列机枪在现代战争中有什么作用？ 83
NO.33 如何判定一辆坦克是否被击毁，车内人员是否全部死亡？
.... 85
NO.34 步兵战车能打坦克吗？ 88
NO.35 自行火炮可以当作坦克使用吗？ 91
NO.36 在现代战争中，大规模坦克集团作战还有用吗？ 93
NO.37 坦克的火炮可以进行曲线射击吗？ 96

NO.38　牵引式火炮与自行火炮的区别是什么？......98

NO.39　自行火炮到了高原地区会降低命中精度吗？............101

NO.40　火炮发射时炮口火焰如何消除？......104

NO.41　火炮炮管上的抽气装置有什么作用？......106

NO.42　现代火炮口径是如何确定的？......109

NO.43　压制性火炮有哪些？......112

NO.44　步兵能够携带的火炮有哪些？......114

NO.45　非直瞄火炮具体的瞄准过程是怎样的？......117

NO.46　各国现役大口径榴弹炮有没有直瞄平射能力？......119

NO.47　现代战争中，高射炮还有用武之地吗？......121

NO.48　什么是液体发射药火炮，有什么优点？......124

NO.49　火箭炮齐射时，会在空中交汇点相撞吗？......125

NO.50　反坦克导弹性能设计主要经过哪些步骤？......127

NO.51　迫击炮的工作原理是什么？......129

NO.52　迫击炮能轻易击中遮蔽的目标的原因是什么？......132

NO.53　小型迫击炮是怎么对目标测量定位的？......135

NO.54　城市作战中，迫击炮与直瞄火炮哪个更有效？......136

NO.55　火箭炮发展到现在是否能取代大口径火炮？......138

NO.56　火箭炮的战术用途有哪些？......141

NO.57　反坦克火箭炮在现代化战争中的作用有多大？......144

NO.58　传统火炮具有哪些实用性？......146

NO.59　牵引式火炮会被淘汰吗？......149

- NO.60 火炮缓冲装置怎么卸掉巨大的后坐力? ……152
- NO.61 榴弹炮等曲射武器怎样瞄准移动的目标? ……154
- NO.62 半履带式战车是否已经被淘汰? ……156
- NO.63 现代装甲侦察车能看多远? ……158
- NO.64 阅兵时,怎么避免履带式战车压坏地面? ……161
- NO.65 怎么区分步兵战车与装甲输送车? ……163
- NO.66 步兵战车两侧的射击孔有什么意义? ……165
- NO.67 两栖装甲车主要采用的技术是什么? ……167
- NO.68 大口径身管火炮的发展趋势是什么? ……170
- NO.69 反坦克导弹打出去的时候后面拖着一根线有什么用? ……172
- NO.70 反坦克导弹发射技术按照发射结构怎么分类? ……174
- NO.71 反坦克导弹根据局限性可做的改进有哪些? ……176
- NO.72 反坦克导弹如何提高对目标的毁伤能力? ……178
- NO.73 反坦克导弹技术主要包括哪些内容? ……180
- NO.74 激光制导炮弹命中率高的原因是什么? ……182
- NO.75 武装直升机打坦克的优势是什么? ……184
- NO.76 武装直升机可以用枪击落吗? ……187
- NO.77 武装直升机有哪些伪装和防护手段? ……189
- NO.78 武装直升机在空中如何躲避导弹的袭击? ……192
- NO.79 现代战争中,武装直升机可执行哪些任务? ……195
- NO.80 与其他陆战武器相比,武装直升机的特点是什么? ……197

- NO.81 地对空导弹武器系统主要有哪些战术技术性能指标? .. 200
- NO.82 地对空导弹发射技术主要包括哪些内容? 203
- NO.83 便携式防空导弹的组成部件有哪些? 206
- NO.84 防空导弹如果没有击中目标会怎么办? 208
- NO.85 防空导弹的未来发展趋势是什么? 211
- NO.86 防空导弹可以改为地对地导弹使用吗? 214

第2章 陆战知识实战篇 227

- NO.87 现代狙击作战是怎样的方式? 218
- NO.88 狙击手如何在行动中精准测距? 221
- NO.89 狙击手的作战特点是什么? 223
- NO.90 狙击手的反制措施有哪些? 226
- NO.91 反狙击手探测系统包括哪些? 228
- NO.92 地面战争中,如何选择狙击阵地? 231
- NO.93 城市作战的运动技巧有哪些? 234
- NO.94 现代城市作战的难点是什么? 237
- NO.95 城市作战中,战场区域类型怎么分? 240
- NO.96 怎么在城市作战中找到一个最好的射击位置? 242
- NO.97 如何给山地环境分类? 246
- NO.98 山地环境中,军队作战有何困难? 249
- NO.99 高海拔地区怎么行军作战? 252
- NO.100 野外作战的形式有哪些? 256

NO.101 野外作战的行进技巧有哪些? 259
NO.102 美军士兵在作战时戴的手套有什么作用? 261
NO.103 狙击手最怕遇见的威胁是什么? 264
NO.104 狙击手是怎么完成远距离狙杀的? 266
NO.105 狙击手在隐蔽潜伏的时候,会做些什么事? 268
NO.106 未来单兵武器及战术装备可能向哪些方面发展? 272
NO.107 核武器可以被拦截吗? 274
NO.108 发生核战如何选择逃生? 277
NO.109 核爆炸会损毁地下防核战设施吗? 280
NO.110 核爆炸有哪些方式? 282
NO.111 核武器长时间不使用怎么处理? 285
NO.112 原子弹和氢弹哪个的威力大? 288
NO.113 原子弹的破坏效应有哪些? 291
NO.114 有没有反原子弹的武器? 293
NO.115 炸弹爆炸时,卧倒真的有用吗? 296
NO.116 拥有核武器之后,还需要发展其他军事力量吗? 298
NO.117 非致命性武器会在未来战争中取代传统致命武器吗? 301
NO.118 现代战争中,激光武器能打多远的距离? 303
NO.119 现代战争附带毁伤越来越少的原因是什么? 306
NO.120 化学武器有哪些危害? 309

参考文献 313

Part 01

陆战知识理论篇

现代陆战是立体的合同战斗，具有杀伤破坏力大、高度激烈紧张、情况变化快、战斗样式转换迅速、指挥协同复杂和勤务保障艰巨等特点。在地面战斗中，已由打击步兵为主变为以打击装甲目标为主，同时还要打击空中力量。发展至今，由于技术、资金等各方面的原因，各国陆军在武器方面不尽相同。多数国家的陆军装备有坦克、装甲车、火炮等常规武器。此外，诸如美国这等军事大国，还为陆军装备了直升机、地对空导弹等多种新型武器，大大提高了陆军的机动性和防卫能力。

NO.1 坦克是如何"过河"的？

坦克"过河"是指坦克具有渡越江河的能力，以更好地实现战役与战场机动，发挥坦克武器的威力。坦克"过河"的方式主要有潜渡与浮渡两种。

潜渡

坦克潜渡就是指坦克像潜泳一样完全钻进水里，借助密封手段和潜渡设备，沿河底从水下通过。坦克潜渡始于二战时期，1941年6月22日德军进攻苏联时，其第18装甲师所属的坦克潜渡分队就是潜渡通过布格河的。

现代坦克都自带有潜渡附加设备，如进气筒、密封装置、救生衣和潜渡呼吸器等。坦克潜渡前须事先做好充分准备，对坦克进行密封，如必须将门、窗、孔、口等处用的密封装置封好。车体和炮塔的主要部位，如座圈等，都要用橡胶充气带加以密封。将3～5节直径不等的圆筒组成进气筒（一般高约5米）安装在车长出入窗口的座圈上（也有的安装在装填手出入窗的座圈上），四周用钢丝绳拉紧。空气则由进气筒进入战斗室，供乘员呼吸，并通过发动机隔板上的活门进入发动机室，供发动机使用。发动机废气通过排气

完成潜渡的"豹2"A4坦克

韩国K2主战坦克准备潜渡

管上的单向活门排出,单向活门保证当废气压力达到一定值时,将活门顶开。当水下停车时,废气压力下降,活门自动关闭,并且要勘察水底,选定潜水地点,水底土质应保证坦克有足够的牵引力。

坦克在水底运动时,不易掌握方向,需加强指挥、联络,并安装航向仪。此外,由于水浮力的影响,压在河底的重量减小,使转向阻力减小,在急流中易产生自动转向而偏离预定方向,也有可能使履带发生滑转,而使坦克难于前进或上岸困难,这些也是坦克潜渡时必须注意的事项。

潜渡时,一般车长位于进气筒上部,通过车内通话器和无线电台,与车内、外保持联系。一旦车内进水,车内乘员可用潜渡呼吸器进行呼吸。同时在战斗室和发动机室内,还装有排水泵,用来排除潜渡时进入车内的水。

浮渡

坦克浮渡时有的是靠水上推进装置;有的是直接利用两条履带划水;有的同时使用这两种方法。水上推进装置是用来将发动机传来的动力转变为喷水推力,使坦克在水上航行的装置。

坦克的水上推进装置有两个,分别装在坦克后部的左、右两侧。坦克入水前,打开水门,挂上水挡,发动机动力由分动箱传来,带动左、右推进装置中的推进器旋转。入水后,水由车体底部进水道吸入,经叶轮进入推进器体,在导流片的作用下,水的螺旋运动变为直线运动,以高速从尾喷管喷出,产生推力,推动坦克前进。倒车时,水门关闭,水由倒车水道向侧前方喷出,使坦克倒退。关闭一侧水门时,从倒车水道喷出的水流与另一侧水道往后方喷出的水流形成力偶,使坦克以最小的转向半径向关闭水门的一侧转向。

坦克也可以利用履带划水前进,其简单原理如下:履带转动时,下支履带划水产生推力;上支履带与翼子板形成水道,翼子板前低后高,后部翼子板有导向水栅,下支履带转动时带动的水流通过水栅也产生推力。上支履带划水虽产生阻力,但与下支履带和导水栅产生的推力相比小得多,使坦克得以在水上行驶。用履带划水推进的坦克,在水上转向、倒车的操纵与坦克在陆地上行驶时的操纵相同。

能浮渡的坦克不是随时随地都可以越渡江河的。浮渡前,需对车辆密封。选择浮渡场地,使坦克的入水角不大于 20 度,出水角不大于 25 度,涉渡河岸的坡面土质应坚硬。河道水流速度应小,水面应窄。在浮渡的线路上,不得有凸出的礁石、浅滩及水生植物等障碍物。这样不仅可以保证浮渡迅速,而且可以保证浮渡安全。现代坦克浮渡的最大速度一般为 6～12 千米/时。

美国士兵与正在浮渡的坦克

NO.2 制约坦克城市作战能力的因素是什么？

在第一次格罗兹尼巷战中，装备有140多辆坦克和装甲车（26辆坦克、120辆装甲车）的俄军第131摩托化步兵旅，被只有轻武器的车臣非法武装在数小时内彻底打败，26辆坦克被摧毁20辆，120辆装甲车也被摧毁102辆。整个131旅的伤亡超过80%，包括旅长、旅参谋长在内的大部分军官都在城市里阵亡，最终有组织撤出城市的只有1名军官和10名士兵。

格罗兹尼巷战中的士兵

别告诉我你懂军事（陆战篇）

格罗兹尼巷战中出现的 PT-76 坦克

为什么在格罗兹尼巷战中，强悍的装甲部队损失如此惨重呢？这是因为车臣武装将部队化整为零，编组成 3 人规模的小组，携带 RPG 火箭筒和狙击步枪，在 5～10 米距离上对俄军装甲车、坦克抵近射击。而俄军坦克部队一进入城区即如陷盲区，在狭窄的街道内装甲部队根本无法展开，长长的车列纵队只要首辆战车被击毁，那便是车队遭遇全面包围和陷入苦战的标志。结果，原本的后续部队则变成解困部队，与早已准备好围城打援的车臣叛军战成一团。加上在到处充满热源的巷战环境中，俄军差劲的夜视设备对楼群内小型目标均不敏感，而同样缺乏夜视设备的车臣武装分子则很乐意就这样将战斗变成混战。最终，坦克部队完全不敌战斗小组，进入混战后，坦克部队即被全部歼灭。

由此可见，坦克在城市战中的制约因素主要是战场感知和复杂地形。

首先，在城市作战中，由于无数建筑形成的复杂地形的遮盖，坦克的机动性无法完全发挥，只能成为一个"会移动的堡垒"。其次，现代坦克不可能做到全方位防护，一般坦克的底部、顶部、后部、侧部的装甲要相对薄一些。在以前坦克在开阔地带进行作战时大都是装甲最厚的前部对着敌人，装甲较薄的部位敌人很难打到。所以在那种作战状态下，装甲薄的部位露不出来，不会产生致命威胁。不过，进入城市作战后，敌人会从各个方向向坦克发射弹药打击坦克，尤其是装甲薄弱的部位，敌人会重点打击，这样，坦克的生存能力就受到了严重的威胁。

再次是火力问题。坦克的火炮其射界一般不大，仰角一般为 20 度，俯角最高为 -10 度，这种狭窄的射击界限就会导致无法打中高处及低处目标，打不到目标就无法进行火力支援。

最后是观察问题。因为坦克观察视角有限,所以进入城市作战后有些突然窜出的敌人坦克兵无法看到。此外,进入城市作战后,坦克速度变慢,这就导致其车上的观瞄设备容易被敌方狙击手用狙击枪击毁。

不过城市作战也并不完全是坦克的禁区,只要加强多兵种的配合,并辅助步兵战车、自行火炮等相关装配一起进行作战,那么坦克进入城市作战还是可以发挥自己的最大作战效能的。

士兵在城市环境中对敌人进行射击

坦克在城市废墟中行进

NO.3　"坦克无用论"真的成立吗？

坦克的出现堪称人类兵器史上的重大里程碑，其在武器层面甚至主导了一战后大多数战争的历程，一战时的坦克主要被用来支援步兵和突破堑壕和机枪组成的坚固阵地，二战时坦克被集中使用催生了德国的闪电战和苏联的大纵深战法。冷战对峙巅峰，北约和华约总数高达十几万辆的坦克在欧洲平原炮口相向，坦克一度成为陆战战场上不可撼动的绝对主角。

不过由于海湾战争、科索沃战争和阿富汗战争3个所谓"高科技样本战争"的放大作用，人们在重视飞机、导弹等远程打击兵器的同时，对坦克产生了轻慢，"坦克无用论"一度甚嚣尘上。但是近些年来的战争，却证明了陆战战术仍是以坦克为核心。

坦克是现代军队序列中火力防护机动平衡性最突出的武器，特别是其防护力仍然是地面装备之冠，一辆主战坦克出现在战场上意味着对方必须出动专门的反坦克武器，比如重型反坦克导弹才能有效抑制其火力。步兵战车、突击炮防护不足以迫使对手出动重型反装甲武器，一般步兵的攻坚武器比如火箭筒、榴弹发射器，迫击炮也能有效压制步兵战车火力，而坦克对这类威胁就不怎么惧怕，在城镇战中坦克作用也很明显，一辆坦克可以从容地在迫击炮和火箭弹这样的火力下在街头站稳无视对方的火力压制。

坦克不仅适用于大规模地面攻防战，在镇压暴乱、反恐等非战争军事行动中，凭借其强大的火力与防护力，可对敌产生震慑效应，并能有效减少人员伤亡。可以预见，坦克将在反恐维稳、隔离冲突、国际维和等多样化任务中发挥着越来越重要的作用。

除此之外，坦克在攻城略地、控制疆域等方面的独特优势，对于进一步巩固、发展和转化海、空军的火力打击与信息作战效果至关重要。可以说，只要战争的最后胜利离不开占领与控制，就离不开对地面的争夺，就不会缺少坦克的身影。

机械化战争中，坦克作战主要局限于地面争夺，坦克兵、步兵、炮兵等兵种间的协同是重点。随着武装直升机的快速崛起，地空"两线"可展开并行攻击，使陆战行动趋向立体化。无人机的快速列装，地空一体的引导打击、互动打击，使坦克对敌打击更加精准高效。陆战重心的上翘，要求坦克走出陆地厮杀的格局，通过立体突击夺取并保持控制权。

随着战争形态的变化，未来坦克作战也将因势而变。在未来的战争中，坦克将深度融入作战体系，借助体系威力，依托国家战略投送体系输送力量，通过联合情报体系感知信息，引导联合火力破击体系节点，基于自身力量实施夺占控制。

俄罗斯研制的新一代主战坦克——T-14"阿玛塔"主战坦克

"豹2"坦克被公认为当今性能最优秀和均衡的主战坦克之一

装备美国陆军和美国海军陆战队的 M1 "艾布拉姆斯"主战坦克

正在开火的"挑战者 2"主战坦克

NO.4 作为坦克主炮,哪种炮更好?

坦克火炮是坦克的最主要武器。谈及坦克火力,人们首先要说的便是坦克的火炮威力如何。现代主战坦克的火炮主要有两种类型:线膛炮和滑膛炮。

早期的坦克火炮是线膛炮一统天下,各国的主战坦克普遍装备线膛炮。线膛炮几乎可以发射现有的所有弹种,并且由线膛炮发射的榴弹对战场上各种硬性的军事目标有较大的破坏力。因此线膛炮在面对战场上多种作战任务时有更强的适应能力。

其次便是线膛炮发射的炮弹在飞行中是高速旋转的，而旋转可以保持轴向的稳定性，而且受气流/风的影响较小，因此弹丸更容易保持方向稳定性，远程攻击时精度更高。这对于破甲弹和榴弹来说尤其有利。

不过自 20 世纪 60 年代，苏联首次在其 T-62 坦克上采用滑膛炮，之后西方国家不甘落后、纷纷效仿。在各国新一代主战坦克中只有英国、中东国家的"挑战者"系列坦克和印度的阿琼采用了 120 毫米的线膛炮，其他国家无一例外的采用了滑膛炮。

滑膛炮之所以备受各国青睐，根本原因是为了发射尾翼稳定脱壳穿甲弹（APFSDS）。坦克的主要作用是反坦克，而目前最好的反坦克弹药就是尾翼稳定脱壳穿甲弹。

尾翼稳定脱壳穿甲弹是直接暴力又有效的反坦克弹药，基本原理非常简单，用非常坚硬的物质（碳化钨，贫铀）做成尖锥状，依靠发射后产生的动能穿透装甲。因此，穿甲弹的威力与材料、弹头形状和发射时获得的动能有关。

制约尾翼稳定脱壳穿甲弹威力的主要因素之一是发射时产生的动能。为了得到较高的动能，需要膛压越高越好；炮管越长越好，且不要把动能浪费到其他地方。

对于线膛炮来说，膛线的存在减弱了炮管的强度，导致膛压明显低于滑膛炮。线膛炮发射导致部分能量用于旋转，减少了炮弹的动能。由于尾翼稳定脱壳穿甲弹弹芯非常细长，线膛炮的旋转会使该弹飞行时失衡，导致命中率非常差。因此，发射尾翼稳定脱壳穿甲弹必须使用滑膛炮。

不过也有一部分原因是因为滑膛炮没有膛线，其生产工艺简单、价格低廉，同时由于没有了膛线磨损，使其炮管寿命要长于线膛炮。而且没有线膛炮因膛线根部应力集中而容易产生裂纹的问题，可以承受更高的膛压，这样对提高弹丸初速和射程有很大的帮助，而线膛炮要想获得高炮口初速必须付出更高的膛压、更长的身管长度、更大的膛线磨损，而这些对于坦克炮来说都是有极限的。

线膛炮和滑膛炮各有优、缺点，

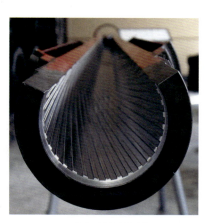

105 毫米口径坦克线膛炮

但随着复合装甲和反应装甲的快速发展，现代主战坦克抗金属射流（破甲弹、反坦克导弹）的能力已经得到了很大的提高，因此尾翼稳定脱壳穿甲弹成了现代西方主战坦克的最主要弹种，而在发射弹药方面，滑膛炮要有很多优势。同时坦克火炮属于直射武器、弹道低伸，反坦克作战是其首要任务，而远距离火力压制应该是炮兵的任务，此外现代滑膛炮也可以发射尾翼稳定榴弹，所以线膛炮相对于滑膛炮的原有优势已经不是十分明显了。

有报道说英国也有计划未来用本国的滑膛炮或德国的 L55 来替换"挑战者 2"坦克上的 L30 线膛炮。因此可以说未来用滑膛炮取代线膛炮是大势所趋，滑膛炮毫无疑问代表着坦克火炮的发展方向。

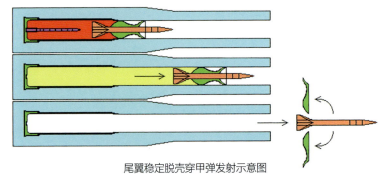

尾翼稳定脱壳穿甲弹发射示意图

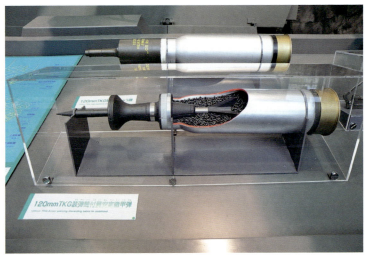

日本自卫队尾翼稳定脱壳穿甲弹

尾翼稳定脱壳穿甲弹发射后脱壳瞬间

NO.5 往坦克炮塔、炮管里扔手雷会摧毁坦克吗？

若干年前，曾有人设想用掀开顶部舱盖往里扔手雷的办法来炸毁敌人的坦克，后来经过部队的实际验证，证明这个办法实属无稽之谈。首先，战斗中的坦克，其顶部舱盖必然处于闭锁状态，从外面根本打不开；其次，接近坦克难度太大，坦克里面的车长会利用周视瞄准镜观察四周敌情，一旦发现可疑人员，就会指挥炮长用并列机枪火力予以歼灭。

现代判断坦克是否被摧毁的依据是坦克成员弃车或者不能再进行战斗，很明显现代化坦克一般都有3挺机枪，使炮管炸膛之后可以确保坦克成员继续作战，甚至一些有经验的坦克兵还能伸出头使用轻武器作战，这样的坦克依然是移动堡垒，实在谈不上被摧毁，并且在实战中将手雷弹放进炮管也是非常困难的。因为坦克的火炮是可以做到密封的，火炮后膛不仅坚固而且还是密封的结构，只有填装手在后边关闭炮膛，手雷根本不可能进入坦克内或者重要部位，即便是使用装弹机的坦克炮也在装弹机和炮膛之间有一个隔离距离，在炮膛内爆炸的手雷不足以引爆装弹机里的弹药，最多也就是炸毁火炮而已。

现代陆军普遍使用的手雷，其直径通常在60毫米左右。而现代坦克的炮管口径通常均在100毫米以上。因此，做到把手雷扔进坦克炮管是完全有可能的。

虽然手雷有可能进入坦克炮管，但是这种做法仍然达不到炸毁坦克的目的。

　　手雷的威力主要来自两个方面：爆炸形成的冲击波以及向四周散射的预制破片或钢珠。由于手雷体积较小，其装药量通常不超过300克，爆炸产生的冲击波超压通常在45～80千帕斯卡。坦克炮的身管是坦克火力系统的核心部件，采用优质合金钢冶炼而成，其内壁可抗膛压通常均在500～800兆帕斯卡，与手雷爆炸所形成的冲击波压强显然不在同一个数量级。可以说，手雷在坦克炮身管中爆炸，丝毫不会对身管产生任何影响。

　　另一方面，由于手雷战斗部装药量有限，爆炸后赋予每粒破片或钢珠的动能通常在100～200焦耳（每粒破片或钢珠的质量按0.3克计算），这样的动能值对坦克炮管的影响也是微乎其微的。因为坦克炮身管具有超乎寻常的强度与韧性，致使其产生型变的屈服强度能量值高达数十万焦耳，手雷的这点儿威力对它来说简直就是九牛一毛。

现代美军常用手雷

　　早在二战时期，近距离使用反坦克武器的士兵都是少之又少，而信息化战争中几乎不会给步兵靠近坦克的机会。就算是手雷被放到坦克炮管里，凭借火炮安装手雷也不可能滑落到炮膛里，换一根炮管还可以继续作战，因此手雷放进炮管里无法摧毁坦克，顶多是造成炸膛。

坦克炮管特写

Part 01 陆战知识理论篇

士兵使用手雷演示图

坦克被炸毁瞬间

NO.6 坦克如何抛壳？

自坦克产生并投入实战开始，坦克的抛壳问题就备受重视，毕竟坦克炮处在封闭空间内。简单来讲，坦克的炮弹抛壳在不同的时代有不同的主流处理办法，而在同一个时代，各个国家坦克的炮弹抛壳处理，又各具特色。

第一代主战坦克，射击后的弹壳就直接掉在车内或弹壳收集袋内，过后人工清出车外。坦克乘员们之所以穿长靴，其作用之一就是防止被灼热的弹壳灼伤/砸伤。一般来说为了防止弹壳满地乱滚，都有弹壳收集袋。不过这个时候对坦克兵来说最恼人的是火炮射击后滞留在战斗室内的烟雾，这种烟是有毒的，所以有条件的话一般要开着舱盖射击。乘员必须戴防毒面具。

第二代主战坦克和第一代基本相同，不过由于有了炮口制退器和炮口抽烟装置，解决了上面提到的烟雾问题，部分坦克开始加装自动抛壳器，将空弹壳从炮塔后部的小窗抛出，T-62坦克就是这样。但当坦克在颠簸不平的路面行驶或遭到非贯穿性打击时弹壳可能无法有效抛出，空弹壳会撞到炮塔内壁并高速反弹到战斗室，对乘员造成伤害。

目前的世界主流第三代主战坦克，其炮弹多采用半可燃或可燃弹筒，这样射击

现代坦克正在发射炮弹

后只剩下金属弹底留在车内，并放置于收集槽中。先进弹筒的使用，一方面解决了不立刻处理炮弹壳会带来的空间问题，另一方面解决了即射即抛所引来的坦克"三防"能力减弱的问题，可谓两全其美。

加装有自动抛壳器的T-62坦克

Part 01　陆战知识理论篇

炮手正在装填炮弹

坦克后部抛壳窗特写

NO.7 坦克炸膛的后果是什么？

炸膛是一种非常严重的枪械事故，很多人都知道枪械在使用不当的时候，就容易发生炸膛，一旦枪械发生了炸膛，那么必然会对枪手造成伤害，而这种伤害往往都是致命的，枪支的质量差或者因保养不好导致枪械内部生锈，这些原因都算是枪械炸膛的首要原因。

相对来说，火炮和枪械有着类似的构造和运作方式，所以火炮炸膛也是有可能发生的，由于火炮比枪支要大的多，所以火炮一旦发生炸膛，那么必然会造成极大的破坏，而对于像坦克这样的以火炮为主要武器的陆地装备，如果其火炮保养不好，或者出现故障，一旦发生炸膛，必然是非常危险的。

不管是坦克炮管的口径，还是坦克所使用的炮弹，都会让人联想到巨大的破坏力，而这样的坦克炮一旦发生炸膛，那么威力巨大的炮弹必然会将坦克的炮管炸开花。

通常火炮膛炸事故的原因有以下几种。

（1）当一根炮管在经过多次射击后，在炮管管壁出现了小裂纹。这些小裂纹在高温高压燃气作用下突然断裂。这种情况可以归责于材料性能和性能指标不匹配。一些国家的火炮为了追求性价比，往往会用一些性能较为一般的炮钢材料制造炮管。在大部分时候这种火炮的使用并没有什么问题，但是当使用强度变高或者在某些条件下这种火炮就会变得不稳定。

（2）为了追求高性能，现代火炮的发射药装填密度很高。这样的炮弹在正常发射时没有什么问题，但是当出现发射药瑕疵或者碎裂时，产生的膛压会比正常膛压高很多，所以时不时的会出现一些炸膛的情况。

（3）在使用过程中出现膛内异物或者弹带断裂，火药燃气会通过缝隙跑到炮弹的前部，对引信发生冲击，从而引起膛炸。

（4）在某些极端条件下，炮弹发射时的膛压变动超过了火炮的耐受范围，从而发生了膛炸。土耳其坦克发生膛炸应该就是这种问题。

（5）现代火炮的使用环境非常苛刻，对于设计者来说必须对每个参数精确掌握。其中高温高压的测试技术是一个很难突破的门槛，对于很多火炮领域的后来者来说，掌握这种技术是非常困难的。如果在这方面有瑕疵，就会导致火炮的设计过程中存在着大量的误差。这种误差的结果就很容易导致炸膛。

坦克如果发生炸膛，必然会造成非常严重的后果，除了会对坦克本身造成损坏之外,也会严重威胁到坦克内部人员的生命安全。

而炮手当然会是炸膛的首要威胁目标,由于危险性非常大,所以几乎没有逃生的可能,而炸膛后的坦克除了炮管会被损坏之外,坦克的内部也会受到不同程度的损坏,炮弹爆炸时的冲击力除了会破坏坦克内部的设备之外也会伤害内部的人员。

总体来说,虽然火炮与枪械有着相似的构造,但是两者发生炸膛的原因却不是完全一样的,因为枪支的炸膛一般是由于闭锁机构没有完成闭锁而发生,这样的炸膛一般都不会发生在枪管部位,所以枪支的炸膛往往是将整个枪身炸毁。

枪械炸膛后所造成的枪身毁坏

"梅卡瓦"坦克炸膛后断裂的炮管

坦克炮口特写

坦克炸膛后炮管特写

NO.8 大口径榴弹炮在坦克周围爆炸，坦克会被摧毁吗？

大口径榴弹炮一般是指在世界各国广泛装备的155毫米、152毫米和122毫米榴弹炮。为了杀伤目标，大口径榴弹炮最惯常使用的炮弹弹种是杀伤爆破榴弹，即采用杀伤爆破战斗部的榴弹，其主要用途是爆破后，利用爆破冲击力以及高速飞溅的破片去杀伤目标。

随着火炮技术的发展，抵御火炮打击的装甲技术也在不断地进步，发展出了包括复合装甲在内的多种新型装甲，这些装甲的发明及普及，让现代坦克对于可能遭遇的各类打击都有较好的防御效果。最先进的部分主战坦克，部分位置的装甲抵御穿甲的能力甚至比半米厚的匀制钢还要强。

榴弹炮所发射的炮弹，穿甲能力往往并不强，所以榴弹炮并不适合用来摧毁坦克，它所能做的是在一个较远的距离上发起一波打击，使敌方坦克因此损失一些战斗力并迫使一部分坦克退出战斗。

对于一般防护水平的装甲车辆来说，大口径榴弹破片爆速杀伤是极具威力的，在一定条件下足以突破有限的装甲防护，对装甲车辆内部造成杀伤。在地面作战中，使用榴弹炮等压制火炮对坦克群进行射击，属于基本的战术之一，尤其是坦克群发动进攻时，以密集的炮火进行拦截是主要的手段，但是各种炮弹直接命中坦克的概率相当低，最理想的情况为50∶1，也就是说，发射50发炮弹，有1发能命中，实际比例通常为100∶1。

如果大口径榴弹炮发射的榴弹在坦克周围爆炸，没有直接命中坦克，那么榴弹破片突破主战坦克装甲防护，杀伤内部人员的可能性就微乎其微，其对坦克内部人员的冲击伤害，主要是通过爆炸形成的冲击波来实现的，但由于大口径榴弹炮的战斗部，重量一般不超过10千克，多在3～8千克，很多经过较完备防雷设计的专用轮式防雷车都可以抵御，更别说是主战坦克了。因此爆炸后的冲击波可能会造成坦克乘员轻伤，却不会对坦克乘员造成致命伤害。如果榴弹爆炸距离坦克越远，那么相应的冲击波的超压冲击效应也就越低，一旦超过3～5米范围，杀伤效果就会变得很不理想。

真正要突破坦克装甲防护，除非是大口径榴弹直接命中坦克的顶部，因为主战坦克的顶部装甲防护是最薄弱的，大口径榴弹有较大机会"砸破"主战坦克的顶部装甲，造成杀伤。在乌克兰东部战场，俄制152毫米大口径榴弹炮，多次摧毁乌克兰政府军的主战坦克，就是依靠摧毁主战坦克顶部装甲实现的。

大口径榴弹炮正在发射炮弹

德国 PzH2000 自行榴弹炮开火瞬间

阿富汗战场上的 155 毫米口径 M777 榴弹炮

Part 01　陆战知识理论篇

伊拉克战场上被击毁的 M1 "艾布拉姆斯" 主战坦克

NO.9　坦克火炮一般由几部分构成？

坦克火炮一般由炮身、炮闩、发射装置、反后坐装置和瞄准机构（亦称炮控机构）等部件组成。

炮身的作用是赋予弹丸所需的飞行方向、初速和飞行稳定所需的旋转运动。发射炮弹时，火药燃烧生成高温高压气体，推动弹丸在身管内加速运动。炮身由身管、炮尾和抽气装置等部分组成，身管越长，火药气体推动弹丸的时间越长，弹丸的初速也就越大。在发射过程中，火药气体压力高达 300MPa 以上，温度高达 $2500 \sim 3500℃$，而且作用时间仅 $0.001 \sim 0.06$ 秒。所以这个射击过程是火药的化学能迅速转变为热能，再转变为弹丸和后坐部分动能的过程。炮身应满足战术的要求，保证能够发射规定重量的弹丸；具有足够的强度，在火药气体压力作用下不产生残余变形，并有足够的寿命（炮膛内反复承受火药气体的热作用和弹丸导引部位与膛壁的机械作用，会造成炮膛内部的烧蚀和磨损）。

炮闩用来在发射时闭锁炮膛。发射时，炮闩的闩体抵住药筒，防其后移，并密闭火药气体。

发射装置用以实现击发弹药的底火。它包括手动发射装置和电动发射装置。

反后坐装置是坦克炮的重要组成部分,是连接炮身和炮塔内火炮支架的弹性阻尼部件。反后坐装置主要由驻退机和复进机两部分组成,驻退机以液体为介质,将一部分后坐动能转化为热能,同时将部分后坐动能贮存在复进机内,当后坐完成时,复进机释放能量,又将后坐部分推回到射击前的位置。可将坦克火炮反后坐装置布置在炮身的上方或下方,还可以将其布置在炮身的两侧。火炮工作的可靠性在很大程度上取决于反后坐装置的工作状况。一般,后坐时间约为 0.1～0.3 秒,复进运动时间约为 1～3 秒。

坦克火炮射击时,火药气体压力一方面推动弹丸沿火炮轴线向前加速运动,同时向后作用在炮塔支架上。发射时,炮身与支架产生相对运动,延长了射击时后坐力对炮塔支架的作用时间,因而减小了发射支架承受的作用力。它使后坐部储经一定的后坐距离后停下来,然后再平稳地复进到原位。在此过程中,一部分后坐动能转化为热能。

坦克火炮的瞄准机构包括高低机和方向机,用以操纵火炮赋予炮膛轴线在空间的一定位置,实现火炮射击前的瞄准。高低机控制火炮轴线高低射向;方向机用以赋予火炮轴线的水平射向,方向机是通过转动炮塔来实现火炮水平射向的,现代坦克主要采用液压或电动炮控机构,而必要时也可以手动方式操纵炮控机构。

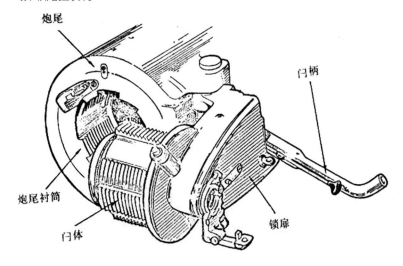

火炮炮闩示意图

Part 01　陆战知识理论篇

M1"艾布拉姆斯"主战坦克内的机枪手（右）与指挥官（左）

坦克火炮正在开火

坦克火炮炮身特写

NO.10　现代坦克是如何不打中友军的？

众所周知，现代战争在先敌发现，先敌打击的战术思想的指导下，各型装备得益于中。随着各类先进探测设备的发展和运用，其态势感知范围相比早期完全依靠人眼目视有了极大的拓展。这在给各方带来极大的战术优势的同时，也无疑加深了战场环境的复杂性。其中最为困难的就是如何进行有效的敌我识别，防止友军远程火力的误伤问题。

相比很早就开始建设了比较完善的敌我识别体系的海军与空军装备，陆军装备的敌我识别体系建设就滞后以及复杂许多了。就"陆战之王"的坦克而言，早年的敌我识别手段无非是和普通步兵一样，以涂装迷彩进行区分，显得十分原始和落后，也很难适应现代战争复杂的战场环境。因此在战后各类形形色色的误伤友军的事故中，陆军无疑成了典型的"被害担当"。最典型的就是海湾战争，与陆军装备有关的误伤事故占了绝大部分。

最广为人知的识别手段无疑是多国部队沙漠涂装上醒目的V形识别涂装了。发展到后来，更加适应战场环境，具备全天候识别能力的红外识别装置也开始推广开来，成为一些陆军装备如M1主战坦克的标配。

然而即使是红外识别的装置，在一些特定情况下也不是十分有效，如恶劣的天气以及对于不使用红外传感器的武器来讲，红外识别的效果就会大打折扣。这个时候，毫米波敌我识别系统就应运而生了。

毫米波敌我识别系统相比于传统意义上用于搜索目标的雷达（一次雷达），又被称为"二次雷达"。相比一次雷达的工作方式，敌我识别系统（二次雷达）并不靠目标的反射雷达回波工作，而是先通过询问机天线发射加密的询问信号给待识别目标，如果目标无应答或发回的应答信号错误，则说明目标大概率为敌军，如果应答信号通过解码，符合识别密码，则说明目标为友军。这样就完成了一个完整的敌我识别流程，并通过识别结果对目标制订相应的对策。

在坦克上，毫米波敌我识别系统主要由询问机天线、应答机天线、控制盒和解码器等几个设备组成。以美国陆军在海湾战争后开发的战场作战识别系统（BCIS）为例，其使用流程为：车长通过观瞄设备发现目标，在无法通过目视对目标进行识别的情况下。首先通过激光测距仪取得与目标的相对距离，并解算火控。在解算火控的同时，位于M1坦克炮塔两侧的询问机天线对目标发射出一段加密过的询问信息，如果目标无应答或应答错误，则自动被判定为敌军目标,可以第一时间进行打击,这样就极大地减少了在目视条件差的情况下对友军的误伤。同时,敌我识别系统使用毫米波的优势在于毫米波的波束非常窄,可以配合各类传感器进行方向性极强的询问与识别工作,减少了被敌方截获而导致己方暴露的风险。此外,毫米波敌我识别系统在恶劣天气条件下也能保持良好的工作状态,也是其如今被各国陆军青睐的一个十分重要的原因。

陆军的战场敌我识别系统,除了毫米波体制外,也有其他诸如激光敌我识别体制,但是激光敌我识别系统因为其设备体积小和有效作用距离较近的因素,主要运用在单兵作战系统领域。

运用在美国 M1 主战坦克上的光学敌我识别

安装有激光干扰系统的 T-90 主战坦克

别告诉我你懂军事（陆战篇）

使用迷彩涂装进行区分的"豹2"主战坦克

韩国的K2主战坦克装有泰利斯BIS-战场IFF毫米波敌我识别系统

NO.11　坦克发射的炮弹类型有哪些？

现代主战坦克主要配备有穿甲弹、破甲弹、碎甲弹和榴弹等弹药，不同的弹药适用于攻击不同的目标。

(1) 穿甲弹

穿甲弹主要用于攻击对方的装甲目标，其穿甲效能主要取决于弹丸本身的质量、硬度、密度和速度。穿甲弹经过了全口径尖头穿甲弹、全口径钝头穿甲弹、全口径被帽穿甲弹、次口径超速穿甲弹等阶段，发展到了目前的长杆式尾翼稳定超速脱壳穿甲弹，其弹芯材料从最初的高碳钢合金发展到钨合金乃至贫铀合金，其初速由最初的800米/秒到提高目前的超过1800米/秒，其穿甲厚度由最初的几十毫米发展到目前的200～600毫米，已成为世界公认的对付复合装甲最有效的炮弹。

(2) 破甲弹

破甲弹是利用"聚能效应"原理制成的弹药，主要由弹体、空心装药、金属药罩和起爆装置组成，大多采用电发引信。其破甲过程为：当弹药击中目标诱发装药爆炸时，炸药所产生的高能量集中在金属药罩上，并在瞬间将其融化成为一股细长（直径3～5毫米，长达数十厘米）、高速度（高达8～10千米/秒）、高压力（100万～200万个大气压）、高温度（1000℃以上）的金属射流，这种具有强大能量金属射流在顷刻间穿透装甲后，继续高速前进，加上它所产生的喷溅作用，就会破坏坦克内的设备，杀伤乘员，并极易引燃油料及诱爆弹药，产生"二次杀伤效应"。

破甲弹的优点：一是其破甲威力与弹丸的速度及飞行的距离无关；二是在遇到具有很大倾斜角的装甲时也能有效地破甲。其缺点：一是穿透装甲的孔径较小，对坦克的毁伤不如穿甲弹厉害；二是对复合装甲、反作用装甲、屏蔽装甲等特殊装甲，其威力将会受到较大影响。因此，在现代坦克炮的弹药中，破甲弹的配备率已经下降，如T－72坦克弹药基数为39发，但只配备5发破甲弹。

(3) 碎甲弹

碎甲弹是在20世纪60年代初期由英国研制成功的一种反坦克弹种。其结构特征为：较薄的弹体内包裹着较多的塑性炸药，短延期引信位于弹体的尾

法国"箭"尾翼稳定脱壳穿甲弹（APFSDS）

部，只能用线膛炮发射。其杀伤原理为：当碎甲弹命中目标时，受撞击力的作用，弹壳破碎后就会像膏药一样紧贴在装甲表面上，当引信引爆炸药后，所产生的冲击波以每平方厘米数十吨的应力作用于装甲上，从而会在装甲的内壁崩落一块数千克的破片和数十片小破片，这些高速崩落的破片，可杀伤车内乘员，损坏车内设备，从而使目标失去战斗能力。

（4）榴弹

榴弹是利用弹丸爆炸后产生的碎片和冲击波来毁伤目标的弹种。坦克上通常装备的是杀伤爆破榴弹。它既有爆破作用，又有杀伤作用，用来摧毁野战阵地工事、杀伤敌方兵员和对付薄装甲目标。由于坦克滑膛炮不能发射靠旋转稳定的榴弹，所以配用长体式尾翼稳定破甲、杀伤两用弹。

（5）炮射导弹

炮射导弹就是在弹头装有末端制导系统，用普通火炮发射后，能自动捕获目标并准确命中目标的一种炮弹。坦克上配备炮射导弹的思路主要是想在现有坦克火炮的基础上增加坦克火力的射程，但目前缺乏实战中使用的实例。

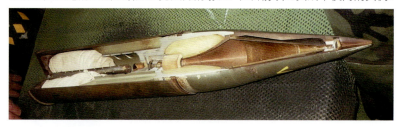

破甲弹剖面图

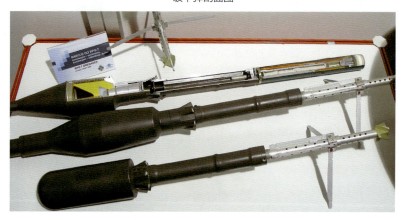

RPG反坦克火箭筒，其弹头就是高爆破甲弹

Part 01　陆战知识理论篇

德国"豹1"坦克及使用的炮弹

NO.12　战场上，机枪手射击坦克有用吗？

"一战"时期，机枪首先加入战斗，德国是当时装备马克沁机枪最多的国家，在索姆河战役中，德国军队用机枪在一天的时间里消灭了6万多名英国士兵。此后机枪成为可怕的战场绞肉机。为了取得战争的优势，英国人痛定思痛，研制了世界上第一辆坦克投入战场，可见坦克的诞生就是为了对付机枪的。

到了二战，德国利用坦克战几乎横扫了整个欧洲，与其相对应的就是反坦克武器的大量产生，除了标准反坦克炮，还产生了大量的单兵反坦克武器，比如苏联生产的大口径反坦克枪，"燃烧瓶"，美国"阿祖玛"反坦克火箭筒，"黄油炸弹"，德国的"铁拳"，这些单兵反坦克武器，都需要士兵在一个比较近的距离使用，即便是"铁拳"，也需要士兵在100米内的距离发射，不然就会出现打不准或是打不穿的情况，这完全是因为当时的反坦克武器比较低端导致的。这时就需要机枪的掩护，一方面吸引坦克的注意力，给反坦克手创造机会。另一方面，可以杀伤对方与坦克协同作战的徒步步兵，这可能就是机枪明明打不穿还要射击的原因。

机枪打坦克是在完成一种防御战术，叫作牵制射击，也称为"干扰射击"。步兵阵地机枪在射击敌方坦克时的牵制射击有两个战术目的。

（1）干扰前进坦克的观瞄系统，给己方反坦克武器发射创造机会。

"二战"时期的坦克基本都是通过观察窗获得坦克周围环境的感知,也有部分坦克长打开舱盖运用坦克上机枪对射同时获得环境信息。这时,阵地机枪对其射击,打击坦克壳体的噪声就会使观瞄窗的观察手无法安全观察(也有可能被流弹击中);坦克长也不会开舱盖侦察,变相阻断了坦克的观察系统。现代主战坦克电子化,对其进行牵制射击也是可以通过射击坦克的电子观测仪器获得相同效果,但是威力减小许多。因为现代坦克的移动速度和火控系统非常迅速和先进,机枪阵地往往在开始打击时就被坦克打击了,生存时间很短。

(2)通过持续射击,使坦克后方的随同步兵无法展开阵形,减小己方阵地的伤亡和歼灭敌人。

步坦协同冲击阵地是一种成熟的攻击方式,坦克可以有效保护随同步兵,步兵压制阵地的反坦克武器发射也可以保护坦克,并在靠近敌方阵地时展开队形进行互射,而坦克继续冲击阵地。但是机枪手通过持续射击坦克,使步兵无法在最佳位置展开(露头就是机枪照顾的目标),坦克后的步兵挤作一团,让阵地上的散兵火力对其进行歼灭。

机枪打坦克震慑的是步兵,吸引的是坦克的注意力,为反坦克武器创造机会,而反坦克武器的最大敌人是藏在坦克后的步兵。机枪手射击坦克周围只不过是为了杀伤坦克周围的步兵,一旦步兵撤退,坦克也会随之撤退,也就达到了抑制敌方进攻的目的。

地面作战中使用机枪的美国士兵

对目标进行持续射击的机枪手

装备在 M1 主战坦克上的机枪

T-90 主战坦克编队

NO.13 坦克炮的寿命是多少？

火炮身管的使用寿命一般与几个使用的因素有关。

（1）发射弹药燃烧产生的温度，温度越高，身管寿命越短。

（2）弹头在身管内运动时的摩擦程度，摩擦越厉害，身管寿命越短。

（3）燃气的膛压越高，身管寿命越短。

早年的欧洲即使是冶炼技术比较发达的国家，如德国，瑞典等国，他们生产的坦克身管寿命也很难超过 500 发。而同时期的俄军 125 毫米坦克炮的身管寿命则还要低一半左右，在发射榴弹和破甲弹时寿命为 300 发，发射穿甲弹寿命则只有 200 发。不过随着科技的进步，现在各国的坦克炮内膛都采用了各种新工艺，比如电渣重熔内膛镀铬的自紧技术。俄军的 125 毫米主炮在发射穿甲弹时，寿命已经提高到 500 发，碎甲弹则更有 2 000 发之多，西方的 105 毫米及 120 毫米主炮则发射穿甲弹都达到 1 000 发，碎甲弹更达到 4000 发的高数量。不过这里为了方便，把坦克主炮的寿命定在发射穿甲弹标准上。西方国家的坦克主炮寿命一般都要比俄式坦克主炮寿命高出一半左右。

按时间来计算坦克主炮身管最多也就六七秒，少的则为三四秒左右。以 125 毫米主炮为例，如果可以打 500 发炮弹，初速为 1800 米/秒，炮弹在炮管里的平均速度大约是900米/秒，火炮身管长6米，炮弹在炮膛里的时间是6除以900米/秒。再乘以500发，这样算下来，一根身管的使用寿命只有大概不到4秒钟时间。

如果按105毫米主炮来计算，该炮能打1000发穿甲弹，初速为1500米/秒，炮弹在炮管里的平均速度大约是750米/秒，火炮身管长5米，弹头在炮膛里的时间是5米除以750/米，只有1/150秒，即使乘以1000发的数字，则该炮管的实际寿命也只有6～7秒。

不过现在炮管的寿命已大大超出母体坦克的战场寿命，因此过度强调炮管寿命反而会增加坦克的购置费用。

正在发射炮弹的以色列坦克

坦克使用的炮弹

别告诉我你懂军事（陆战篇）

坦克发射炮弹产生的火焰

NO.14 坦克里装有空调吗？

坦克是战斗车辆，其设计只考虑坦克本身对环境的适应能力，高温或低温条件下，不会考虑人员的工作环境如何。给坦克安装空调系统看似简单，其实实施起来相当困难，在20世纪80年代以后设计的坦克几乎都没有安装空调。

老式坦克在设计时有一个原则，要求坦克体积尽量要小，降低中弹的可能，重量要轻，能顺利通过难走的地形。狭小的坦克里还要装备先进的设备，火力越强大越好，如此坦克里的空间便已经被压缩到了极限。另外，对于坦克安装空调也存在设计与成本问题，还有技术可靠性问题，需要专门进行线路布设，以保证炮塔内部狭小空间不会过于拥挤，供电设备等也要重新考虑，因此在军费有限的情况下，都会优先保证装备的战斗力，而空调则不是必需的选项。在实战中，这类装备也比较容易损坏，弹片、大口径子弹都会轻易对其造成破坏，所以早期的坦克及战车是不加装空调的。

Part 01　陆战知识理论篇

对于装甲兵来说，车内温度多少直接决定着最终的战斗力，坦克及战车装备属于典型的冬冷夏热，夏天外面 40 度，车内不开空调到 50 度甚至是 60 度也都是很正常的现象，除了自然温度，车内的设备及发动机工作产生的热量也是可观的。要是在沙漠地区温度更是高到离谱，这种情况下不装空调，对于车内人员来说是无法长时间保持有效战斗力的。为了不至于在高温下丧命，有的士兵还发明过一种非常邪门的降温奇招——静脉注射，他们事先把生理盐水冷冻到接近零度，然后存放在保温容器中。实在热得受不了，就把盐水袋挂起来"打点滴"，可以在三到五分钟内把体温降到正常水平甚至更低，同时起到补水补盐的作用。

现在的装备科技含量很高，一旦先进的设备在车内列装数量过多时，其本身工作产生的热量也在加大，这样不光对人员承受来说是问题，对设备本身也有很大伤害，很多高技术设备是有温度要求的，过高或过低都无法正常工作。不配备空调设备就无法为车内设备有效降温，没有降温就无法在战时发挥作用，这样的后果是非常严重的。

相较于优势，坦克在安装空调后也暴露了一些缺点。比如空调耗能严重，坦克在行动过程中，有限的动力将会分配到各作战系统、设备方面，如果安装空调，那么坦克在动力方面必定会受到影响。此外，空调机箱会在运行过程中释放大量的热能，目前各国主战坦克均配备有红外关瞄系统以及红外制导导弹，因此很有可能会招来被毁的风险。

不过随着技术的发展，现代部分主战坦克采用了新式的空调，例如美国的 M1 主战坦克和俄罗斯的 T-80 主战坦克，

美军 M1 主战坦克上的空调系统采用空气循环制冷空调

由于使用的是大功率燃气轮机，这些坦克可以使用涡轮式制冷系统，这种空调体积小、耗能低，非常适合战车使用，但它的运行需要依靠燃气轮机。

坦克内部空间特写

坦克内部空间剖面图

在坦克内休息的士兵

NO.15 狙击手打坦克是否有效？

早在一战至二战早期，狙击手使用反坦克枪还能与坦克抗衡，但从二战中后期开始，狙击手就已经无法使用单兵武器远距离摧毁坦克目标。随着现代科学技术的发展，单兵装备威力越来越大。即使是在面对坦克时，只要单兵武器配备得当，战术运用合理，也能有效打击坦克。

坦克的防护能力非常强悍，一般枪械根本无法对其装甲产生影响，即使大口径狙击步枪在面对复合装甲时也无用。但是坦克并不是全身都无法打击，它身上还装备有许多光学器材，这些设备对坦克乘员来说相当重要。狙击手如果遇到落单的坦克，则可以通过破坏坦克上的观瞄及通信设备让坦克失去眼睛与耳朵。在这些装备遭到破坏时，车组乘员肯定会出来查看，狙击手可以趁此机会狙杀车组乘员，让其失去战斗力。通过毁伤关键设备来迟滞敌方基地的作战行动的战术，会在一定程度上让落单坦克失去一定的战斗力。

除此之外，在某些环境下，狙击手对坦克以及装甲车辆等是有牵制作用的。例如比较有名的车臣战争，在格罗兹尼的战斗中，不少车臣方面的狙击手就对俄军的坦克以及装甲目标造成了一定伤害。

坦克的顶部装甲很薄弱，在交战距离不远的城市以及地形复杂的地方，使用大口径反器材狙击枪连续射击顶部装甲，坦克的行动会受到很大牵制。而坦克为了维护方便，车体后部的装甲甚至只是相对结实一点的百叶窗。这些部位被大口径反器材步枪射击很有可能造成坦克失去作战能力，导致抛锚。

不过现在坦克有条件的话在进入城市作战之前都会加装专门的城市作战防护套件，这些套件会增强坦克的侧面和顶部防护。能够应对狙击枪和火箭筒一类武器的打击。

经过伪装后的狙击手对目标进行射击

此外，在城市乡镇或者丛林等环境条件下坦克兵的视野并不理想，且坦克内部空间狭小。驾驶员和车长这些位置为了有更好的视野或者是车组成员透风的时候都会暴露。在伊拉克，不少美国装甲兵都是在休息时或者露头观察周围情况被伊拉克反美武装击杀的。成员被击杀对于后勤维修体系很完善的美国军队来说损失很重大。

正在执行任务的狙击手

在沙地中进行射击的狙击手

快速行进中的坦克

NO.16 坦克有哪些伪装防护？

坦克的伪装防护是指利用各种伪装手段，控制坦克的特征信号，欺骗敌人的探测器，以降低坦克被发现的概率，从而提高坦克的战场生存力。伪装手段包括坦克烟幕施放装置、伪装涂层以及其他各种隐身措施。早期坦克的伪装防护装置主要是以对付可见光探测为主。随着科学技术的发展，用来探测和侦察的各种探测器，对坦克构成了严重威胁，尤其是灵巧弹药的自寻的头对坦克构成了更严重的威胁。目前对坦克构成威胁的探测器有雷达红外探测器、激光测距仪和激光指示器等。现在主要是采用烟幕和伪装涂层的办法来对付这些探测器。

烟幕弹是从二战时期就一直被采用的一项坦克隐身技术,发射装置一般被安装在炮塔两侧前端。烟幕既能在短时间内形成一道屏障,为坦克实现临时隐身的功能,又能在一定程度上对热成像观瞄装置形成干扰。烟幕施放装置按其结构和施放方法的不同,可以分为热烟幕施放装置和抛射式烟幕弹系统两类。

热烟幕施放装置在发动机工作时,向排气管内喷射柴油,柴油在高温排气管内蒸发形成柴油蒸气与发动机废气的混合气;从排气管排出的混合气在大气中凝结成大量的微小烟雾颗粒,从而形成烟幕。热烟幕施放装置的发烟量很大,对可见光探测器的遮蔽效果较好。

抛射式烟幕弹系统用安装在炮塔两侧的发射器(每侧2~4个发射器)发射烟幕弹(可单发发射,也可多发发射)。其特点是,形成烟幕快,但发烟量小,持续时间短。目前装备的烟幕弹,多数只对可见光和近红外光有遮蔽效果,只有少数现代坦克的烟幕弹对远红外光也有遮蔽效果。

烟幕伪装效果主要取决于发烟剂的材料。目前,各国都在着重研制对可见光、近红外、激光、中远红外及雷达波都有效的多用途发烟剂。

坦克的伪装涂层是给坦克外表面涂以不同颜色、不同反射率、不同辐射率、不同吸收率和不同图案的伪装涂料层,以增加可见光和近红外探测器探测和识别坦克的困难。目前各国都在研制新型伪装涂料,可有效避免可见光、近红外、激光中远红外及毫米波的探测。

坦克隐身技术从坦克诞生的那天起,技术革新就一直没有停止过。从最初的简单涂装,到各种探测与反探测手段的较量。以伪装涂料为例,为了规避传统涂料的局限性,比如雪地里怎么能用丛林迷彩之类的问题,自适应伪装材料应运而生,其主要原理是将低电压加于专用聚合物面板上,使坦克外部颜色能够随着季节变化。这项技术虽然仍然处于

韩国 K-1 坦克发射烟幕弹

研制阶段，只要解决了温度识别的可靠性和如何应对炮弹攻击这两个问题，自适应伪装材料的发展前景十分可观。

经过伪装后的波兰"豹2"A5 坦克

在雪地中行进的"豹1"坦克

在野外环境中进行伪装的坦克

NO.17 坦克的垂直装甲与倾斜装甲相比有什么优势？

　　垂直装甲与倾斜装甲都是历史的产物，在早期的英、德、苏式坦克中，倾斜装甲的使用量是很少的。像英国坦克中早期的"丘吉尔"坦克；苏联的T-26坦克、T-35坦克以及德国的二号、三号、四号坦克都以垂直装甲为主流。但苏联在研制坦克的过程中发现，在自身发动机科技不足的情况下，要想增加车体防护力，就必须因为增厚装甲而牺牲车辆机动性。这是违背苏联坦克开发人员初衷的，苏联的坦克研发思路是追求快速、火力，所以，倾斜装甲应运而生。二战时，相对于垂直装甲，倾斜装甲是一种更具科技含量的设计。不过，尽管如此，坦克的垂直装甲与倾斜装甲相比仍然具有一些优势：

　　（1）制造方便。坦克的车身主要是采用焊接工艺制造的，懂加工工艺的都知道车间师傅按照图纸进行作业的时候，保证装备和制造精度是非常劳心费神的，设计师画出一定角度的垂直装甲设计图之后，工人师傅焊接出符合倾斜角度的装甲车体是非常困难的，T-34坦克之所以制造简单要归功于它简单的车载设备和零件加工工艺，在火炮、发动机、变速箱等设备的制作上花费的时间很少，而T-34坦克车体的焊接制作也是非常费时费力的。可以说如果虎式坦克采用倾斜车身，其装备的数量会更少。

（2）对钢板的制造技术要求低。垂直装甲的焊接只需要将钢板对接就可以直接施工，而倾斜装甲就不一样了，它需要对原材料钢板进行切边处理，获得一定的倾斜角度才能进行焊接工作，这又会增加很多工时。因此，相比倾斜装甲而言垂直装甲的制造是非常简便的。

（3）坦克内部空间大，倾斜装甲会占据很多车内空间，坦克内部人员的舒适度和弹药携带数量都会受到影响，尤其是对于进攻作战的部队来说这种问题非常麻烦。率先使用倾斜装甲的苏联人是在本土作战，装甲兵可以就近住宿在居民区，因此对 T-34 内部空间狭小的缺点可以忍受。而吞并整个欧洲的纳粹德国以及常年在国外作战的北约部队就不得不面对空间的问题了，他们的士兵更希望自己可以直接居住在坦克内部。美国的艾布拉姆斯和英国的挑战者虽然都有倾斜装甲，但同时车身设计得很宽大，就是为了保证内部空间的舒适性。垂直装甲在作战中基本不可能出现炮弹弹道垂直击中坦克的现象，有经验的"虎"式坦克乘员都会倾斜一定角度面对盟军坦克，这样连侧面装甲一起用上就可以起到倾斜装甲一样的防御作用；保证内部空间的利用率也不需要将整个车体都做成倾斜的，依然以"虎"式坦克为例，它的垂直装甲仅限于侧面和前装甲的上部，前装甲的下半部还是有一部分倾斜装甲的，这是因为前装甲的下半部分紧挨着变速箱，这部分空间是坦克乘员接触不到的，因此不必考虑它对空间的影响。此外，"虎"式坦克的垂直装甲主要集中在炮盾和正面车体位置，这里是全车装甲最厚实的部位，装甲板都在 110 毫米左右，炮盾的厚度更大，在这个部位采用垂直装甲纯粹是为了方便制造，因为这种厚度的钢板是很难被击穿的。

"阿琼"主战坦克炮塔正面装甲是垂直装甲

四号坦克装备的垂直装甲

T-72 主战坦克使用倾斜装甲

T-54 主战坦克的倾斜装甲

NO.18 坦克炮管损坏后，能修复吗？

无论是重型武器还是枪支弹药，经过一段时间后，各类武器的性能都会严重下降，甚至无法使用，坦克炮管也不例外。对于军费紧张的国家来说，炮管精度就会下降，就打不中目标了，此时一般就需要更换炮管。大中型的炮管造价较高，更换花费较大，因此掌握炮管修复技术是很有必要的。

炮管在发射炮弹的过程中，发射频率越高就会不断产生高温高压摩擦，按照时间计算的话就只有数秒。俄军的125毫米滑膛炮发射穿甲弹的时候，只能发射500发，西方国家的105毫米主炮发射穿甲弹的寿命只有1000发。特别是在海湾战争之前，英军使用的"挑战者"坦克在训练的时候，直接打秃了炮管膛线，最后不得不进行紧急更换。

为了最大限度地节省炮管使用成本，出现了一种叫作火炮身管内膛压延寿修复材料技术，简而言之就是用来修复炮管的技术，它是将一种由纳米材料和润滑油脂混合物均匀地涂抹在炮管和炮弹摩擦处，其形成的保护膜能够对炮管起到良好的保护和延寿作用。

这种炮管修复技术既可以修复滑膛炮炮管，也可以修复线膛炮炮管，就连坦克炮和榴弹炮这样的武器都能够修复。该技术在陆军中广泛使用之后，不仅炮管摩擦得更加的平滑，而且火炮射击精度没有丝毫下降，兼之对于拆装困难的航炮和舰炮都有作用，在未来作战中可以有效争取时间，为赢得胜利提高作战效率。

"挑战者2"主战坦克炮管特写

"豹2"A7主战坦克前方特写

士兵对坦克炮管进行修理

损坏的坦克炮管

NO.19　坦克的防护装置有哪些？

坦克防护系统是坦克装甲壳体和其他防护装置、器材的总称。其包括车体和炮塔；三防（防核、化学、生物武器）；灭火装置及伪装器材等，用以保护乘员和车内机件。

炮塔安装在车体顶部，二者组成装甲壳体，是坦克防护力的基础，用以直接抵御反坦克武器和特种武器的攻击，并安装武器和各部机件，承受射击和行驶时的负荷。车体多由轧制装甲板焊接而成。炮塔有用装甲钢铸造的或用轧制装甲板焊接的两种。用装甲钢铸造容易得到所要求的形状，利于不同厚度装甲的均匀过渡。轧制装甲板的抗弹性能，略高于相同厚度的铸造装甲。特种坦克一般采用较薄的高硬度或中厚度、中硬度的钢装甲，有的采用铝合金装甲，以抵御枪弹和炮弹破片或小口径炮弹；主战坦克采用较厚的中硬度钢装甲，以抵御反坦克炮弹或导弹。坦克前部中弹概率高，因此防护力最强，侧部和后部次之，顶部和底部最弱。

坦克的三防装置出现于20世纪50年代后期，60年代以来为大多数主战坦克所采用。由密封装置（密封组合件、自动关闭机构等）、滤毒通风装置和探测报警仪器等组成，通常分个人式和超压式两种。个人式三防装置，乘员佩戴的防毒面具用导管与滤毒通风装置相连，空气被净化以后，再供乘员呼吸。超压式三防装置，乘员不必佩戴面具，滤毒通风装置将污染的空气净化后送入密闭的乘员室，并形成超压，阻止污染的空气从缝隙进入车内。现代坦克一般采用超压式三防装置，还备有防毒面具等个人防护器材。探测报警仪器用以探测车外毒剂和放射性沾染的剂量，适时发出报警信号。为提高防核辐射，特别是防中子的能力，有的坦克在乘员室装甲内壁衬有防护层，或在复合装甲中加入防辐射材料。

坦克的灭火装置用于熄灭坦克内发生的火灾。早期的灭火器材是手提式灭火器，后来出现了半自动和全自动灭火装置。70年代末，有些坦克的乘员室内，安装有快速高效能的自动灭火抑爆装置。它由光学探测器、逻辑控制机构和灭火瓶组成，既能快速灭火，又能在百毫秒

T-72主战坦克的反应装甲"DYNA"

时间内抑制住由二次效应所造成的车内油气混合气的爆炸，并将超压和辐射热量控制在一定范围内，使乘员不致遭受永久性损伤和身体裸露部位的二度烧伤。坦克的伪装器材主要用于隐蔽自己，欺骗和迷惑敌人，主要有烟幕装置、迷彩涂料和伪装网等。

随着反坦克武器的发展，坦克将广泛采用各种形式的结构装甲，加强顶部防护，并通过其他多种途径，进一步提高综合防护性能。

俄军T-72坦克的反应装甲

Part 01　陆战知识理论篇

M1 主战坦克的侧面反应装甲

"梅卡瓦"主战坦克采用倾斜装甲

NO.20　淘汰了的坦克会怎么处理？

对于超级大国的陆军而言，坦克是"陆战之王"，装备量非常大，而这些坦克在退役之后如何处理，考验的就是各国的智慧，同时也是对各国军队财力的一次证明。

第一种处理方法就是针对状态比较好、还能够使用的退役坦克进行封存。将这些退役坦克经过特殊的密封处理以后，停放在地下仓库、洞库或者环境干燥的室外场地。另外，这些坦克还可以作为战备物资，一旦有需要，经过处理后，还可以再次启用。或者，这些坦克也可以作为其他坦克的零备件供应者。

第二种处理方法是对退役坦克进行整修以后，出售给其他国家使用。坦克的底盘等利用价值很大，而随着近年来对步兵战车等武器高防护力的要求，由坦克改造的重型步兵战车吸引了很多国家的目光。比如，德国陆军退役的大量"豹2"主战坦克由于使用寿命长、性能稳定出色，每次都成为国际军火市场上的抢手货，甚至转手多次后经过改进仍然在使用。

第三种处理方法是将退役坦克的武器装备或者有用的设备拆除后，作为对外展示的展品，停放在博物馆、国防教育园等场所。比如，各国很多军事类的博物馆以及各地的国防教育园、航母乐园等地方，都可以看到大量退役的老式坦克。

第四种处理方法是将退役坦克拆解后作为废金属回炉后，重新使用。苏联解体后，很多原来的加盟共和国和原华约国家遗留下来的大量报废坦克，基本上都重新回炉了。

第五种处理方法是将退役的坦克给一些学校或者研究所等继续使用，用于测验新式武器的性能等。

最后一种就是彻底遗弃。比如，美国就曾经把退役坦克投到海里，作为人工礁石，用来为海底生物提供栖息地。与美军相比，中东的伊拉克、沙特或埃及等国，拥有大面积的沙漠。他们在处理退役的坦克、装甲车时，暂时销毁不了的，就会把它们埋到沙漠里进行"沙封"。待到战场需要时，则会让它们重新"披挂上阵"；或者有时间、有能力销毁了，再实施销毁。

废弃的坦克被扔进海里

Part 01　陆战知识理论篇

大量堆积的废旧坦克

等待处理的退役坦克

保存在博物馆中的坦克

NO.21 "梅卡瓦"坦克上的迫击炮有多大的作用?

以色列在经过数次中东战争后,基本已经和周边国家处于和平状态,虽然偶尔有冲突,但是主要是和一些反以组织等交战,而且是非对称作战。以色列军队经常会遭到遥控炸弹、火箭炮、火炮击等武器的攻击,非常难以迅速对其进行反击。而且以色列主要在城市中和这些武装分子作战,像坦克主炮这样的武器虽然威力大,但是容易造成附带伤害,而机枪又只能直瞄射击进行点杀伤,无法进行面杀伤。因此,迫击炮这种武器就成了一个不错的选择。迫击炮是面杀伤武器,弹道弯曲,能够绕过障碍攻击敌方目标,而且迫击炮体积小巧,可以很方便地设置在坦克上面。

"梅卡瓦"主战坦克总结和吸取了历次中东战争的经验教训,其中最根本的设计思想就是"着重于坦克成员的防护"。因此,"梅卡瓦"一度跻身防护力最佳的坦克之列。"梅卡瓦"主战坦克从第一代到如今的第四代有一款配备一直得以保存下来,那就是全世界其他国家坦克都未曾配备的60毫米口径迫击炮,它的存在是以色列人经过长时间的战争数据得出来的一个必要结果。

"梅卡瓦"装备迫击炮的位置非常奇特,位于炮塔顶部,后半部分融入了炮塔内部,使用铁丝网和盖子盖住炮口,使用时打开,装填弹药需要爬出炮塔。"梅卡瓦"坦克装备迫击炮的另一个考虑就是火力支援,梅卡瓦坦克能够搭载步兵作战,而在步兵攻击时,有时坦克无法抵达用火炮直瞄攻击,此时迫击炮就能提供有力的火力支援了。

装备有迫击炮的"梅卡瓦"主战坦克可以在城市作战中,使用其迫击炮杀伤隐藏于建筑物后面的武装人员。当敌方反坦克导弹袭来时,它能快速发射烟幕弹等干扰弹药,让来袭导弹找不准方向从而丢失目标。并且以军坦克所面临

"梅卡瓦"主战坦克配备的迫击炮

的作战环境大多是街道、建筑残骸等,时刻面临着狙击手和路边炸弹的威胁,这时梅卡瓦上搭载的迫击炮就显得十分重要。并且"梅卡瓦"坦克后部宽敞的舱室,能够搭载一个步兵班。因此,迫击炮还可以为下车作战的步兵提供必要的曲射火力支援。

对于"梅卡瓦"主战坦克来说,战场环境和需求决定了它完全有必要携带和装备迫击炮,实战中作用还是十分突出的。

急速行驶中的"梅卡瓦"主战坦克

"梅卡瓦"主战坦克后部特写

"梅卡瓦"主战坦克进行军事演习

NO.22 西方主战坦克是否都有自动装弹机？

自动装弹机是代替人工为坦克炮装填弹药的机构。第一代坦克射击的时候，坦克弹药的装填，都是由装填手完成的。这样的装填方式需要比较大的作业空间，根据第一代坦克的普遍数据，装填手需要坦克内直径不小于0.8米，高度不小于1.6米的空间。而有些坦克从弹药架取下炮弹后还需要将炮弹转位才能使弹尖对准弹膛，需要的空间就更大。

在坦克自动装弹机诞生前夕，世界各军事强国都在追求机械化、自动化。最初自动装弹机的可靠性并不那么理想，但是装配自动装弹机的坦克至少能减少一名成员，所以世界各军事强国不论是否真的运用自动装弹机，在研制工作上都不肯落后。20世纪70年代以后，苏联步兵战车和T-72、T-80主战坦克以及瑞典S坦克、法国勒克莱尔坦克都陆续安装了自动装弹机。

自动装弹机一般由输弹机、推弹机、抛壳机及控制系统组成。输弹机是将弹药从待发弹舱输送到炮尾装填线上的机构，它包括贮弹舱、传送链、弹匣、提弹机等部件，可以按操作者的要求，自动向炮尾输送所需弹种的弹药。推弹机的功用是将炮弹弹丸和药筒推入弹膛。输弹、推弹机的动力一般由专门电机提供，推弹机有推杆式、链式和滑轮式等不同的结构形式，由于坦克战斗室空间狭窄，一般多采用链式"卷尺"推弹机。它可以平稳地将弹丸及药筒推入弹膛内。这种推弹机结构简单，占用空间小。控制系统包括操纵台、记忆装置、弹数指示器及各种电磁阀等。

坦克火炮弹药装填的自动化，不仅可以使坦克内减少一名乘员，而且自动装弹空间明显小于装填手人工装弹所需的车内空间，从而有利于减小车辆尺寸和重量。随着坦克火炮口径的不断加大，弹药的尺寸和重量也相应加大，人工装弹已十分困难，并极大地影响到火炮发射速度，所以自动装弹对提高坦克火炮威力是至关重要的。

不过西方主战坦克使用自动装弹机的仍然占少数，大部分主战坦克都没有选择装备自动装弹机。其原因首先在于冷战时代的西方坦克，其打法大多是定点防御，靠精度和射程取胜，加上悬挂系统质量好，车体重，地形熟悉，行进的时候稳定性一般可以接受，在静止和颠簸较小的条件下人工装弹效率高于自动装弹。其次，西方的坦克炮多采用整装弹，如果使用自动装弹机则会造成很大的技术问题。

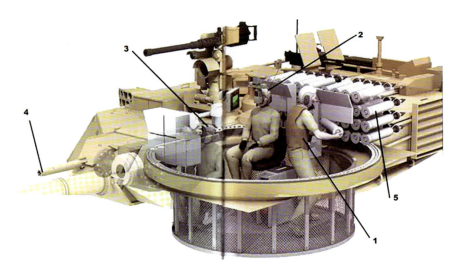

坦克内部人工装填炮弹示意图

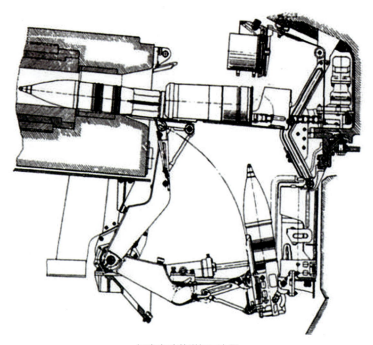

坦克自动装弹机示意图

Part 01　陆战知识理论篇

士兵正在对坦克进行检查

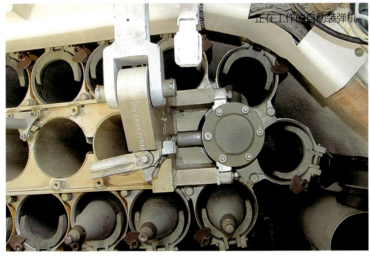

正在工作的自动装弹机

NO.23　现代坦克和"老坦克"有什么不同？

早期坦克结构形式多样，有固定的顶置炮塔或侧置炮座，也有旋转式炮塔或无炮塔结构，安装有37～75毫米口径的短身管、低初速火炮和数挺机枪，或仅装机枪。坦克转向，有的靠离合器和制动器系统，有的靠与两条履带分别联动的辅助变速箱或电动机，有的由两套发动机变速箱组分别驱动两条履带，靠变换两履带速比转向。坦克战斗全重 7～28 吨，功率比重量 2.6～4.8 千瓦/吨，最大行程 35～64 千米，装甲厚度 5～30 毫米。配备机枪及小口径火炮，多进行追击及长距离侦察任务，但装甲较步兵坦克弱得多。

由于当时技术水平的限制和生产设备简陋，坦克性能较为低下，其火力主要用于歼灭敌方有生力量，装甲只能防御枪弹和炮弹破片，没有无线电通信设备和光学观察瞄准仪器，行驶颠簸、速度缓慢，机械故障频繁，乘员工作条件恶劣。早期的坦克只能用于引导步兵完成战术突破，不能向纵深扩张战果。但在二战中，随着坦克技术的提升，并伴随着坦克作战思路的改变，世界陆军开始了机械化的新时期，对军队作战行动产生了深远的影响。其中以德国、俄罗斯、英国、美国为主要代表，德国将军古德里安则是机械化作战思想及战术的创始人。

两次世界大战之间，是坦克战术与技术发展思想的探索和实验时期，各国研制装备了多种类型的坦克。轻型、超轻型坦克曾盛行一时，在结构上还出现了能用履带和车轮互换行驶的轮胎—履带式轻型坦克、水陆两用超轻型坦克和多炮塔的中型、重型坦克。

二战时期的坦克与早期的坦克相比，战术技术性能有了明显提高。有的坦克为增强支援火力，安装了 75 或 76 毫米口径的短身管榴弹炮，直至发展将小口径加农炮、中口径榴弹炮和数挺机枪集于一车的多武器、多炮塔坦克。在二战中，坦克经受了各种复杂条件下的战斗考验，成为地面作战的主要突击兵器。

20 世纪 60 年代出现的一批战斗坦克，火力和综合防护能力达到或超过了以往重型坦克的水平，同时克服了重型坦克越野性能差的弱点，从而突破了传统意义上重型坦克的模式，形成一种具有现代特征的战斗坦克，即主战坦克。

20 世纪 70 年代以来，现代光学、电子计算机、自动控制、新材料、新工艺等方面的技术成就，日益广泛地应用于坦克的设计和制造，使坦克的总体性能有了显著提高，从而更加适应现代战争的要求。这些坦克仍优先增强火力，同时较均衡地提高了越野和防护性能。

20 世纪 70 年代以来的主战坦克，其火力性能、越野性能和防护性能虽有显著提高，但重量和车宽已接近铁路运输和桥梁承载的允许极限，且受地形条件限制大，使之对工程、技术、后勤保障的依赖性增大。由于新部件日益增多,坦克的结构日趋复杂,成本和保障费用也大幅度提高。为了更好地发挥坦克的战斗效能,降低成本,在研制中越来越重视采用系统工程方法进行设计,努力控制坦克重量,并提高整车的可靠性、有效性、维修性和耐久性。二战后的一些局部战争大量使用坦克的战例和许多国家的军事演习表明,坦克在现代高技术战争中仍将发挥重要作用。

世界上最早出现的坦克——"小游民"坦克

二战著名坦克之——T-34坦克

别告诉我你懂军事（陆战篇）

世界上单价最昂贵的主战坦克——"勒克莱尔"主战坦克

德国"虎"式重型坦克

NO.24 坦克遭到大量士兵围攻时，如何反击？

从坦克的发展历史来看，坦克被发明出来，就是要以它的强大火力和坚固防御来突破敌军工事用的，要实现这两个性能指标，就必然要牺牲它的轻便灵活性，没有轻便灵活的性能，坦克就必须与步兵的协同作战。

正常情况下坦克部队的行动都是坦克之间互相掩护，而且坦克不应当单独行动必须有足够的伴随步兵，在发现坦克火力不足或者无法消灭对方人员或者反坦克阵地等目标时候，伴随步兵应当及时展开队形，快速对其进行压制和消灭。

作为反坦克一方来说,面对装甲部队的冲击,首先就是要打乱对方步坦协同,让坦克失去步兵的掩护。万一有坦克落单,那就必须解决被敌军士兵围攻的问题。

坦克的武器,通常可分为两部分,一部分是主炮系统,一部分是同轴机枪。在地形复杂多变的城市巷战中,主炮可以轰击射程内的坚固目标工事,较近距离的敌兵目标可以用机枪来搞定。

坦克外面装置的烟幕弹发射器也是可以带反步兵榴弹的,遇到近处有大量步兵时对着敌人发射,榴弹会在空中爆炸,释放数量极多的破片、钢珠,以杀伤附近人员。有伴随步兵或轻装甲车辆的时候禁用。

但是凭借这两个方法,仍然很难对付四面八方的敌人。美国陆军武装研发工程中心(ARDEC)在2002年成功开发出XM1028反步兵散弹。这种反步兵散弹,依照的原理其实和散弹枪的子弹一样,都是依靠弹壳内的飞射钢珠对敌兵造成杀伤。

面对移动的敌军单位,这种反步兵散弹的击杀效果非常显著。在伊拉克战争中,伊拉克的反美武装就尝过它的厉害。

不过现代战争中的坦克,不仅会有步兵装甲协同作战,有时候还会有空军的飞机先进行空中打击,把远距离内的重刑反坦克武器,比如反坦克火箭、布雷车等目标清除。即使面对突如其来的大规模敌兵,还可以呼叫空中支援。

现代主战坦克上都装有辅助武器

在城市中行进的 M1 "艾布拉姆斯" 主战坦克

装备在坦克上的机枪

NO.25 坦克常用的发动机有哪些？

坦克的动力装置主要采用往复活塞式发动机，少数采用了燃气轮机。往复活塞式发动机，按使用燃料种类分，有汽油机、柴油机和多种燃料发动机。

按工作循环方式分，有二冲程、四冲程发动机。按进气方式分，有非增压、增压发动机。按冷却方式分，有液冷式、风冷式发动机。按气缸排列形式分，有直列式、对置气缸式、对置活塞式、V 形、X 形和星形发动机等。

近年来随着柴油机的高压直喷技术、高效燃烧技术、废气涡轮增压中冷技术和电子控制技术等新技术的应用，使柴油机的标定功率和单位体积功率有了大幅提高，因此，不管是目前还是在可预见的将来，柴油机仍是坦克动力装置的首选。

与其他发动机相比，柴油机主要有以下两个优点。

（1）柴油机的热效率大概为汽油机的 1.4 倍以上，是热效率最高的热机，经济性非常好。使用同样容量的燃油，以柴油机作为动力的车辆行驶里程，比使用汽油机或燃气轮机作为动力的车辆行驶里程大 30%～70%。

（2）柴油不容易着火，且价格较低。柴油密度较大，在相同的容器内能贮存较多的油量；柴油机没有点火系统，无电火花影响坦克的通信与电子装置；适用于多种燃料的柴油机，在战争环境中可以就地取材，简化后勤油料的供应工作。

由此可见，柴油机以其经济、可靠的优点，一直是坦克首选的动力来源。

不过也并不是全部第三代主战坦克都使用柴油机。如美国的 M1 主战坦克和俄罗斯 T-80 主战坦克，便使用燃气轮机作为动力。与柴油机相比，燃气轮机具有功率密度大、加速性好以及冷启动性能好等优点，但其燃油消耗量过大，对后勤保障要求非常高。此外，与燃气轮机匹配的热交换器和空气

使用汽油机的 T-26 坦克

滤清器尺寸也比较大。在"沙漠风暴"作战行动中,由于美军M1A1主战坦克对后勤补给要求较高,严重制约了部队的推进速度,该型坦克也因此获得了"无声的杀手""油老虎"等外号。俄罗斯在T-80坦克之后,也不再发展使用燃气轮机的主战坦克,已装备部队的T-80坦克,因后勤保障压力太大等原因,大部分予以封存。

T-80主战坦克使用的GTD-1250燃气轮机

M1主战坦克正在安装AGT-1500燃气轮机

"豹2"主战坦克使用的MTU MB 873型12汽缸柴油发动机

NO.26 坦克炮塔上可以安装防空导弹吗？

在现代战争中，空中力量已经成为坦克的天敌，当今各国主战坦克都没有有效的应对措施，现代坦克制造成本也不低，大量来自空中的打击造成坦克损失不少。不少国家开始尝试加强坦克防空能力，二战过后新出现的主战坦克，基本都加装了大口径高射机枪，二战中仅有美制坦克装有大口径机枪，很多国家为自己的坦克甚至安装了双联高射机枪或者便携式防空导弹。

不过不管是高射机枪还是便携式防空导弹，实际上，其射程和射高都十分有限，这就决定了一旦遇到对方突然出现的低空飞机，缺少足够的反应时间，而武装直升机所搭载的反坦克导弹，其射程则超过了高射机枪和便携式防空导弹的射程，现在出现的新型机载反坦克导弹，不仅射程原来越远，而且开始具备"发射后不管"能力，就是为了能在突袭后迅速撤离，减少自己暴露在对方防空火力面前的概率。

目前可以装配在坦克上的防空导弹，只可能是改装后的小型或者肩扛式防空导弹，受限于坦克本身的空间限制，大型防空导弹体积过大，不可能安装到坦克上。即使是成功缩小了防空导弹本身体积，其相对应的搜索、火控系统和导弹维护系统也不可能安装到空间极其有限的坦克上。

而对于小型肩扛式防空导弹，虽然不需要雷达和附属系统就可以安装，但是没有这些系统，导弹能威胁的目标也就极其有限。

除此之外，厚厚的装甲在为坦克提供了防御能力的同时，也让坦克乘员对外界的感知能力急剧下降，远远不如步兵，这导致即便出现了对方的战机空袭，坦克兵在被击中前都不知道整个攻击过程的情况。在没有预警的条件下，面对空袭，不管是便携式防空导弹还是道尔这类野战防空系统，实际上基本都无效。

尽管如此，坦克顶部安装的大口径防空机枪也并不是一无是处。其本身对于射击武装直升机或者低空速度较慢的飞行单位还是有相当威胁的。而且现代坦克很少安装针对步兵的机枪，除了车体还可能安装一挺机枪，炮塔上的同轴机枪为了坦克楔形装甲的整体性在二战之后就慢慢取消了。在车顶安装防空机枪也是弥补坦克反步兵能力不足的缺陷，如果换成防空导弹，那么坦克对于在它身后的步兵就几乎无能为力，而车体后方就是坦克的核心——发动机。

M4"谢尔曼"坦克的炮塔

士兵对坦克炮塔进行维护

Part 01 陆战知识理论篇

安装在坦克上的便携式防空导弹

坦克上多采用肩携式防空导弹

NO.27 坦克炮装备灵巧炮弹有什么意义？

坦克使用的"灵巧炮弹"也称为"坦克炮射导弹"，它的主要特点是结构简单、使用方便、射程远、命中精度高、造价低、效费比高。

（1）增大坦克炮的有效射程

常规炮弹着点的纵向散布较大，并且射程越远散布越大，越难命中目标。而灵巧坦克炮弹药在飞行过程中，能通过不断修正弹道来减小弹着点的偏差，使其命中精度几乎不受射程远近的影响。另一种灵巧坦克炮弹药仅需尽量靠近目标，由该弹发射一枚杀伤子弹药，此时几乎没有散布偏差。无论哪种情况，预计灵巧坦克炮弹药可使目前坦克炮的有效射程增加 1～2 千米，甚至可达 4 千米。

（2）极大地提高命中精度

传统的弹药对攻击隐蔽的目标一直存在着严重的缺陷。不是目标很小，使命中概率降低，就是目标完全被遮蔽，使坦克炮不能对其射击。灵巧坦克炮弹药将改变这种状况，其很高的命中精度将提高对暴露面积小的隐蔽车体目标的命中概率。利用顶攻杀伤装置，如爆炸成型弹丸，结合灵巧弹药的"大脑"，就能攻击目标的薄弱部位（如顶甲），甚至能攻击隐蔽的坦克炮塔。

（3）增强坦克炮对付机动目标的能力

传统的坦克炮弹药对付机动目标，特别是中、远程机动目标存在一定问题。动能弹飞行 2000 米需用 1 秒多时间，到达 3000 米远的距离则需要 2 秒或更多时间。若目标运动速度为 32 千米/时，即每秒钟可移动 9 米，在炮弹飞行的 2 秒钟之内目标可移动 18 米。而且，目标运动的速度和方向是在不断变化的，因此常规炮弹很难击中机动目标。灵巧坦克炮弹药则可通过修正弹道飞近目标，或在接近目标时发射一枚子弹药，从而可大大提高对付机动目标的能力。

（4）提高坦克在行进间攻击目标的能力

传统的坦克炮弹药在坦克行进间的攻击能力显著低于坦克静止间的攻击能力，即使装备先进的稳定系统也是如此。因为诸如炮管振动那样的动态误差是很难修正的，而灵巧坦克炮弹药可不受这些误差的影响，因为它能修正弹道来消除这些动态误差。

坦克炮射导弹示意图

"勒克莱尔"主战坦克使用的 120 毫米坦克炮特写

坦克炮口特写

NO.28　坦克被炸毁履带之后还能工作吗？

在战场上坦克和装甲车的履带损坏是十分常见的，对于大部分车组乘员来说也不是履带一坏就立即弃车。在有协同保护的情况下，即便坦克履带损坏，仍可保持强大的战斗力。作为陆地上防御能力最强的坦克，普通武器根本拿坦克一点办法都没有。

每个坦克车组乘员一般都具有维护更换坦克履带的能力，关键在于战场当时的环境是否具备这个条件更换维修受损的履带。除了用备用履带更换已经损坏的履带之外，还可以直接放弃前引导轮和一个负重轮。在这种极端情况下坦克一样可以继续行驶，不过对那个被放弃的负重轮伤害较大。对坦克成员来说履带受损并不意味着世界末日的来临，如果战前针对此种情况进行过大量的日常训练，应对的方法还是很多的。

一般有经验的坦克车组乘员会判断出到底是何种武器在向其射击，如果只是反坦克枪或者小口径的战防炮等难以穿透坦克正面装甲的武器打断了坦克的履带，乘员待在坦克里比较安全时，完全可以选择继续操纵坦克作为固定火力点战斗。如果是诸如重型反坦克炮或者坦克等重型火炮打断了坦克的履带，这些火炮足以穿透坦克的正面装甲，那么乘员就必须立刻撤离，在这些重型火炮面前，无法移动的坦克简直就是"活棺材"。

除了判断战场环境外，还要看自己的部队处于什么状态。假使部队正在进攻，在保证安全的前提下，可以继续待在坦克里

"豹2"A7主战坦克在急速行驶

用火炮、机枪等武器掩护友军进攻。而如果部队处于整体的退却中，就应该炸毁坦克赶紧后撤，以免陷入包围中。

二战东线战场德军的第503重型坦克营的一次战报中写到，隶属该营的

Part 01 陆战知识理论篇

一辆"虎"式坦克在一场持续 6 个小时的坦克对战中,一共承受了 227 发反坦克步枪弹、14 发 45 毫米穿甲弹、11 发 76 毫米穿甲弹的打击,履带、悬挂系统都受损严重,但坦克乘员仍旧坚守在坦克里继续作战。直到战斗结束后,坦克乘员修复好履带恢复行动力之后又开回了 60 千米远的后方基地。

由此可见,在特定的环境下,坦克被炸毁履带之后还是可以继续工作的。

"豹"式主战坦克所使用的履带

士兵正在更换坦克履带

别告诉我你懂军事（陆战篇）

T-90 主战坦克的履带上部

NO.29　无人坦克的未来发展前景怎样？

无人坦克是以自身程序控制为主的无人化履带式装甲平台，其实质是以远距离攻击型智能化武器、信息化武器为主导的"非接触性战争"的进一步发展。未来技术成熟后，可以融合来自侦察卫星、飞机、舰艇、潜艇和地面侦察部队等获得的各种目标信息，与其他无人化平台互相协同，以更快的反应速度、更高的杀伤概率实施连续作战。

无人坦克产生时间比大多数人预计更早，二战中期德国就曾装备过无人侦察坦克，甚至已经带有自毁装置。可是数十年过去，有人坦克依旧牢牢占据坦克装备主流，这与战争本身的特性密不可分，无人坦克无论是过去，现在还是未来都无法替代有人坦克。

目前，世界公认的首款第四代主战坦克——俄罗斯 T-14 "阿玛塔"坦克，可以被看作是有人坦克向无人坦克发展的过渡期产物。该型坦克通过运用自动化瞄准，AI 技术使炮塔无人化，空出重量来加固对底盘乘员的防御以及火力乃至机动性的加强。从某种意义上来说，第四代坦克就是坦克向无人化发展的试验器产品。

不过无人坦克在设计理念上的三大缺陷，决定了无人坦克时代不会在短期到来。

（1）智能化程度低

研制无人坦克的初衷是实现战场"无人化"，当前各国试制的无人坦克

Part 01　陆战知识理论篇

却都属于"车上无人、车下有人"的遥控武器,都必须在战场可控范围内安排专业人员负责对无人坦克实施操纵,这与传统意义上的有人坦克没有区别。

(2)作战效费比高

无人坦克首先必须是一辆坦克,既然是坦克,就必须兼具火力、防护、机动等能力与一身。现阶段关于无人坦克的研发已经进入了一个"死胡同",要想实现坦克的无人驾驶,必须加装各类传感器及电子系统,这已经是一笔高昂的科研经费投入。如何在无人驾驶的基础上,保持性能优异的多层复合防护装甲以及高机动力,使其在不断升级的现代打击火力面前不被摧毁,并能克服各种天然及人工障碍,这种武器装备,对任何一个国家来说都将是一种沉重的负担。

(3)战场生存力差

无人坦克即使机动能力再强,甚至若干年以后发展到可实现隐身的程度,也只能进行平面运动,难以躲避各种地面常规武器的火力打击。

俄罗斯 T-14"阿玛塔"坦克

美军研制的"粗齿锯"无人坦克

俄罗斯新研发的 BAS-01G 无人坦克

美国研制的"黑骑士"无人坦克

NO.30　坦克在移动中如何稳定炮管开炮？

坦克在移动的时候会随地形的起伏发生颠簸震动，炮管也会随车体上仰下俯，高低角发生变化。为了保证在移动中稳定炮管开炮，就会使用坦克炮稳定器使炮管保持稳定。

坦克炮稳定器是坦克行驶中自动地将炮膛轴线保持在赋予的空间角位置并能瞄准的一种控制系统，是现代坦克火控系统的重要组成部分，用以提高坦克行进间火炮射击的命中率。

坦克炮稳定器主要由测量、放大和执行3部分组成。由于结构上有全电式和电液式之分，所以其组成部件也不尽相同。主要部件通常有：陀螺仪、信号放大器、功率放大器、伺服电机或液压马达、动力缸、操纵台及其他自动控制部件。

坦克炮稳定器主要可分为单向稳定器、双向稳定器和三向稳定器。单向稳定器通常只稳定火炮的射角，也称高低角稳定器；双向稳定器同时稳定火炮的射角和射向；三向稳定器除稳定射角和射向外，还可稳定侧倾角。前两种已广泛应用，后一种正处于研制试验阶段。

最早的坦克炮稳定器发明于20世纪40年代，如苏联的T-28坦克，美国的 M3A1、M4"谢尔曼"坦克等，这些坦克都相继安装过单向稳定器。

双向稳定器包括执行电机、陀螺仪组、转换器、角度限制器、电磁离合器、自动锁定装置、控制台、测速发电机、电机放大机、放大器、配电箱、车体陀螺、炮塔陀螺、辅助油箱、液力增压器和液压动力缸。双向稳定器由传感器和执行机构组成，能在运动中将火炮和机枪自动稳定在原来给定的方向角和高低角上，以保证火炮不受车体震动和转向的影响。当计算机给定火炮射击高低角后，高低向稳定器就可将炮管稳定在给定位置上。

如果坦克在运动中发生颠簸震动，此时双向稳定器中的陀螺传感器会立刻感受到炮管高低角发生了变化，并将感受到的变化量转换成电信号，经放大后通过执行机构对火炮加以修正，使之迅速恢复到原定位置。此时传感器便没有信号输出，修正力也随之消失，炮管不再转动。

如果车体在避开障碍物时发生转向，双向稳定器也会把感受器感受到的变化量变成电信号输出放大，通过执行机构给炮管加上方向修正力。这样，尽管车体可能是尾朝前、头朝后，但炮管始终指向目标方向，从而提高了坦克在运动中的射击精度和首发命中率。

M1 主战坦克开火瞬间

Part 01　陆战知识理论篇

坦克炮管特写

坦克在行进中开火

坦克战斗群进行实战演练

NO.31　坦克与自行火炮的区别？

　　从战场定位来说，坦克是前线装备，要伴随步兵或其他车辆进行冲锋，直接进行攻坚作战的装备。自行火炮则是"攻防兼备"的典范，在距离前沿阵地较远的地方为攻击部队提供火力支援和区域压制。因为两者的作战任务不同，所以坦克和自行火炮在设计倾向上也有所不同。坦克要求机动性、防御力、火力相互平衡，缺一不可。而对于自行火炮最重要的首先就是火力，其次是机动性。自行火炮一般有专门的机械化步兵保护，不必进入复杂的市区，再加上自身火炮巨大的重量，因此机动性远不如普通主战坦克。

　　由于坦克的任务多是直瞄射击，因此火炮选择的是平射性能优秀的加农炮，俯仰角一般是 -5 度到 +20 度。自行火炮则多是间接射击，也就是曲射，因此采用的是榴弹炮，后来随着火炮技术的进步，改为加榴炮，在紧急情况下能够平射，但是主要还是曲射。火炮的俯仰角一般是 0 到 30 度，有的可以到 90 度（自行高炮）。除了射击方式的不同，坦克和自行火炮在火炮的口径的选择上也是大相径庭。一般来说自行火炮的火炮口径要比坦克大，身管比坦克长，目前主流的坦克炮有105毫米、120毫米、125毫米等主要口径，倍径多在40～50倍左右。而自行火炮的主流口径是122毫米，152毫米，155毫米等主要口径，倍径能达到52倍。

由于火炮的不同，坦克和自行火炮的炮塔也就产生了区别，坦克为了减少正面投影面积增强防御力，同时加农炮的体积和后坐距离相对较小，因此坦克的炮塔不大。而自行火炮由于要容纳巨大的榴弹炮/加榴炮和弹药，炮塔十分巨大，甚至显得有些"头重脚轻"。这也是很多自行火炮和坦克最直观的区别。

火炮不仅会影响炮塔，还会导致坦克和自行火炮在底盘布置上也有所不同。虽然，很多自行火炮和坦克采用的底盘极为相似，有的甚至直接在坦克底盘上发展而来。但是由于炮塔的变化，底盘也不得不改变。除了少数坦克（以色列"梅卡瓦"主战坦克）之外，绝大多数坦克都是采用炮塔前置，发动机后置布局，以减少发动机被击中概率。而自行火炮由于要容纳巨大的火炮和炮塔，同时要保证车身的稳定性，多采用发动机前置炮塔后置布局，因此有的自行火炮底盘就是把坦克底盘倒过来使用。

坦克与自行火炮的关系就好比"孪生兄弟"，尽管有些地方比较相似，但仍然不能相互替代，需要在战争中配合使用，才能发挥其最大的威力。

英国"挑战者2"主战坦克

法国"恺撒"自行火炮正在开火

装备韩国陆军的 155 毫米 K-9 自行火炮

韩国K2"黑豹"主战坦克

NO.32 坦克上的并列机枪在现代战争中有什么作用?

　　并列机枪又称同轴武器,主要就是指坦克或战车上与主炮指向相同的副武器。

　　目前,世界上绝大部分服役的主战坦克在其主炮旁边都配备了并列机枪,两种武器可以共用一个瞄准具。其主要功能就是坦克前面出现如步兵这类软目标时,使用并列机枪,反应快,火力连续,要比主炮灵活方便得多,还能为主炮节省主炮弹药。起到一种弥补火力空档的作用,另外可以在坦克主炮装填过程中开火继续杀伤敌方有生力量。

　　并列机枪还有一个功能就是为坦克进行测距的功能。一般情况下现代的战车只装一挺并列机枪。但是到了俄罗斯这规矩就改了,他们在BMP-3上装了两款同类武器,在100毫米主炮两侧各配一门30毫米同轴机炮和一挺7.62毫米PKT同轴机枪。这种火力配备在步兵战车中还是相当强大的。

　　现代战争中,会有很大机会在巷战中进行。狭小的城市环境,会让许多目标出现得比较突然。这时的并列武器作为主炮火力的补充还是很有必要的。主炮威力虽然大,但装填弹药时会产生时间差,这里使用并列机枪则会提供持续的火力打击。

另外，在实战中不可能随便哪一个目标都需要用主炮来攻击，一些不适合主炮打击但适合机枪打击的目标，没有必要浪费一发宝贵的炮弹。另外，并列机枪的测距功能目前来看也是无法取代的。平时训练中，不可能天天打实弹，用并列机枪来进行一般性的瞄准射击训练，可以节省成本。

M1主战坦克上的并列机枪（靠近炮管位置）

法国"勒克莱尔"主战坦克并列机枪特写

M1主战坦克前方特写

装有同轴机枪的四号坦克

NO.33 如何判定一辆坦克是否被击毁，车内人员是否全部死亡？

坦克一旦起火其内部狭小的空间会快速升温，再加上各种燃烧的废气都有毒性，内部成员在高温环境下会很快失去意识甚至直接死亡，这样的坦克基本上就算是被击毁了。但是也并不是一定要让坦克起火才算击毁，坦克一旦中弹其内部的装甲会被巨大的冲击力破坏，金属碎片就会像弹片一样四处飞溅杀伤内部成员，因此说从外表看上去完整无损的坦克，其内部成员很有可能已经全部丧命。这样的坦克如何判断其是否被击毁呢？可通过两方面得出结论。

第一：通过炮塔判断。看过美国大片《拯救大兵瑞恩》的人都知道，巷战中的美军围攻一辆德军坦克的故事，使用粘附式炸弹在虎式坦克上爆破了N多次，本以为伤痕累累的虎式坦克已经被击毁，但是它的炮塔突然转动吓坏了美军，此时的美军士兵说了一句："炮塔还在转动，里边还有活的。"这足以说明在战场上判断坦克里边还有没有活人的一个办法就是看他的炮塔是否还在转动，确切地说是武器系统是否还在使用。除了炮塔还有向前的机枪和火炮同步机枪是否还在使用，一旦内部成员还活着这些都是不会停下来的作战武器。

第二：声音。可以通过引擎的声音判断坦克的发动机是否还在运转，发动机不能运转的坦克基本就丧失了作战能力，即便是里边的成员还活着也无法继续作战。尤其是现代化坦克的发动机最为重要，现代化坦克的炮塔转动不是液压驱动就是电动，无论是哪一个驱动方式都需要发动机提供电力；坦克的计算机和数字式瞄准具也都需要电力供应，就连火炮和机枪的点火驱动都离不开发动机的动力，因此说没有发动机的轰鸣声，坦克基本就等于被击毁了。

受损的 T-60 轻型坦克

士兵在检修"雷诺"FT-17坦克

被击毁的坦克

T-80 主战坦克在战争中被击毁

NO.34 步兵战车能打坦克吗？

从定位上说，步兵战车的主要任务首先是运送步兵协同坦克战斗，其次是支援步兵作战，然后是配合坦克完成各种战斗任务。按照要求，步兵战车在战场上的主要目标是敌方轻型装甲车辆、步兵反坦克火力点、有生力量和低空飞行目标。这一点从步兵战车的武器配置上也能看得出来，目前常见的步兵战车一般配备的主要武器是 20 毫米到 40 毫米机关炮，这些机关炮在 1000 米距离上的最大穿深一般不超过 60 毫米，虽然瑞典博福斯 40 毫米炮的最大穿深能达到 1500 米距离上 150 毫米，但一来炮弹威力较小，即使击穿以后，后效也不理想；二来现代主战坦克的正面装甲厚度普遍超过 600 毫米等效均质钢装甲（RHA），150 毫米的穿深仍然不足以击穿坦克。俄罗斯步兵战车虽然有 73 毫米和 100 毫米大口径炮，但都是低压炮，不能发射高速穿甲弹，以榴弹和破甲弹为主。所以，一般来说，步兵战车都是跟坦克一起行动，打敌方坦克这种高难度任务主要由本方坦克来完成。

作为步兵战车，如果在面对敌方主战坦克的时候，最需要做的第一件事就是伏击。确保做到先敌发现，先敌开火，顺带保证自己处于相对难以被击

Part 01　陆战知识理论篇

中的位置或者防御工事里进行对应的发射动作。现代的步兵战车,除了俄罗斯的 BMP 系列一贯使用的大口径低压滑膛炮,主战武器大多数都是小口径火炮,在火炮威力严重不足的前提下,步兵战车自身只能通过外挂反坦克导弹,或者把反坦克的任务让给随车的步兵去处理。

由于和高超音速的炮弹相比,反坦克导弹的速度偏慢,因而只要找到一个合适的隐蔽点,做好发射前后推进焰的消除和灰尘遮掩,也是保证步兵战车对坦克发动攻击的重要安全措施。由于大部分坦克附加装甲对破甲弹的防御相当有效,所以步兵战车在反坦克的时候,尽可能要做到双发齐射,争取多发击中同一目标,以保证杀伤效果。

步兵战车由于设计要求和坦克完全不同,其是无法和坦克进行"正面对抗"的,但由于部署、行动相对灵活,在实战中表现确实相当出色。如在波斯湾战争期间,M2"布雷德利"战车就摧毁了比 M1"艾布拉姆斯"更多的伊拉克装甲车辆,但同时也有被伊拉克 T-72 坦克击毁的案例存在。

急速行驶中的 M2"布雷德利"步兵战车

别告诉我你懂军事（陆战篇）

M2"布雷德利"步兵战车运送士兵抵达作战地点

阿联酋军队装备的BMP-3步兵战车

Part 01　陆战知识理论篇

韩国 NIFV 步兵战车参与军事演习

NO.35　自行火炮可以当作坦克使用吗？

早在二战时期，德国装备的部分自行火炮就是将步兵炮加装到坦克底盘上的产物。这些自行火炮都是短身管甚至是次口径火炮，再加上炮口制退器的帮助射击的后坐力很小，完全可以像坦克那样用于坦克战。因此，在紧急时刻德军的自行火炮部队也会充当坦克部队作战。

随着大国间军事实力趋于均衡，发生像二战那样全球性战争的概率大大降低，现代化战争更多以局部战争形式出现，主要内容也更多是城市攻坚战。这种情况下，行动更加轻便的自行火炮要比坦克更加实用，所以许多中小国家出于节约国防开支考虑，纷纷加大自行火炮采购量并将它们编入坦克作战序列。虽然自行火炮在装甲防护及机动能力方面与坦克尚有很大差距，但火炮攻击能力已超过大部分坦克，再加上相对低廉的造价，其战争潜力非常大。实战中只要善加利用，使用更加合理的战术，则自行火炮在一定程度上可以代替坦克进行作战。尽管如此，由于作战定位的不同，将自行火炮当作坦克使用，在实战中仍然存在一些弊端。

由于自行火炮不具备在坦克上基本都有装备的炮管自稳定系统，所以自行火炮在射击时的炮管指向性和稳定性上并不如主战坦克。即使是在炮管自稳定系统上有大量运用的德国，也没有在最新的 PzH2000 自行榴弹炮上使用和"豹2"一样的炮管自稳定射击装置这将使自行火炮在快速地将炮管指向目标时,仍然需要炮手对炮管的俯仰角度进行调整才能保持和炮塔处于同一水平线。而坦克即使是在非常颠簸的地形上,炮塔在转向时也可以通过炮管自稳定系统使坦克的炮管和炮塔处于同一水平线,所以自行火炮在作为坦克进行使用时,在对突发目标的打击能力上就远不如坦克。

自行火炮的履带适应性也不如坦克。以 M1A2 坦克和 M109A6 自行火炮为例,虽然在履带式底盘的设计上十分相似。然而 M109A6 自行火炮在越障时和在通过较为颠簸的地形时的表现远远不如 M1A2 坦克。假如自行火炮像坦克一样直接介入城市近距离巷战和大装甲兵团作战,其考虑到车体刚性强度相对坦克的鸡肋机动性也会让自行火炮像靶子一样遭到主战坦克的猎杀。

自行火炮的装甲防护能力较弱且没有相应的对抗生存系统。所以自行火炮在面临不对称战争中经常会出现的反坦克导弹以及单兵火箭弹系统时存活率极低,即使把重型步兵战车作为坦克使用,也没有任何国家愿意把自行火炮当成坦克和近距离支援火力使用。

德国研制的"野牛"自行火炮示意图

士兵正在使用 M109A6 自行火炮

Part 01　陆战知识理论篇

美国 M1A2 主战坦克

展览中的"豹 2"主战坦克

NO.36　在现代战争中，大规模坦克集团作战还有用吗？

在武器装备不断更新换代的今天，很难再出现大规模的坦克集群间的作战，因为当今的作战已不可能重返数十年前的步兵至上，重装重甲决战的场面。

现代战争，各类精确制导武器已大量投入实战。陆战也好、海战也罢，首要的都是制空权的争夺。

在海湾战争中，伊拉克的苏式坦克集团军面对联军的空中打击力量变得异常脆弱。整场战争几乎都毫无作为，而联军亦是如此，虽然联军投入了大量的主战坦克，而往往冲在前线的却是"布雷德利"这样的装甲战车。且随着时代的进步，消灭摧毁坦克的方式也越来越多，如果大规模的坦克装甲集群暴露在敌方打击范围之内无异于自杀。

虽然这并不能说明大规模的坦克集群部队已经失去作用，在欧洲和美国仍然部署了一定数量的装甲师用来应付俄罗斯装甲部队的冲击，俄罗斯在近年来也在换装更新式的主战坦克和配套的装甲战车，这在一定程度上说明各国仍然未放弃坦克合成集团作战的作战理念。

由于受到不对称战争的影响，在波斯湾战争中，伊拉克军队几乎从未获得过制空权，自然不能体现出坦克集群作战的优劣之处。在现代反恐作战中，坦克面对着火箭筒、反坦克地雷和路边简易炸药也很难体现出坦克的真正用途。只有在未来两个实力相当的大国发生战争时，我们才能知道坦克集团战术是否还适应时代。

虽然未来战争将运用许多高科技兵器和信息化装备，但是在电磁干扰和各种影响下，这些武器无法发挥本来的作战能力时。坦克集群作战理论上就会发生，这也许就是即使是在信息化的今天，各国仍然在发展合成坦克装甲集群组建重装甲部队的最主要的原因。

M1"艾布拉姆斯"主战坦克群

"豹2"主战坦克前方特写

军事演习中的 T-90 主战坦克

坦克战斗编队与补给车辆一起前行

NO.37 坦克的火炮可以进行曲线射击吗？

坦克的火炮是可以进行曲线射击的，但受制于火炮俯仰角度的限制并没有像自行榴弹炮一样的弹道。

自行榴弹炮的炮塔空间明显比坦克炮塔的内部空间要大出很多，因此自行榴弹炮炮架结构的俯仰自然没有坦克炮的炮架结构那么受限，而且自行榴弹炮有专门用来供给弹药的弹药运输车，也在一定程度上增大了自行榴弹炮内部的空间。

目前很多的自行榴弹炮最大仰角度都超过了 70 度左右，因此自行榴弹炮往往有更大的曲线射击角度用来攻击躲在掩体后方的敌人。而坦克由于受制于炮架结构和穿甲弹的长度等因素，火炮俯仰角度一般不会超过 45 度。而且坦克使用的是初速高，远距离存速能力差的滑膛炮管，所以即使把炮弹换成了榴弹，在进行大角度射击时，也会由于动能的衰减，坦克炮也不会有现代榴弹炮几万米一样的远距离打击能力，而且坦克上的测距仪观测距离也十分有限。以"豹2"坦克为例,其最大观测距离还没有达到1万米。所以坦克并不能作为自行榴弹炮使用,也可以说坦克的某些指标和自行榴弹炮的设计初衷有所违背所以不适合作为榴弹炮使用。

坦克虽然没有像自行榴弹炮一样的远距离曲线射击能力,然而在近距离支援作战时坦克却有相当大的影响力。首先,坦克的缓冲装置复位更快。在近距离支援作战时,坦克的炮塔转动起来相较于自行榴弹炮更加灵活,且炮管有水平稳定装置来保证坦克的指向,所以在近距离的反应速度和打击效率上,坦克明显要比自行榴弹炮更高。

韩国K2主战坦克对目标进行齐射

"梅卡瓦"主战坦克正在开火

别告诉我你懂军事（陆战篇）

意大利C1"公羊"主战坦克进行编队行驶

"阿琼"主战坦克正在开火

NO.38 牵引式火炮与自行火炮的区别是什么？

牵引火炮是需要在外力牵引作用下才能移动的火炮；自行火炮则是不需要任何外力自己就能够移动的火炮。两者之间在发射的炮弹威力上也有巨大差别，牵引火炮发射管长、管身较大，发射的炮弹口径大，发射的距离也很远；自行火炮由于以履带式或轮式作为火炮动力，受火炮后坐力和机动性限制，只能发射口径较小、距离较近的炮弹。一个是战略性武器，一个是战术性武器。

牵引火炮在很长时间里都是战场的主角，但是二战及以后，自行火炮逐渐发展起来。目前，各国主要发展的就是自行火炮，对于传统牵引火炮，以后装备数量将会逐渐减少。牵引火炮和自行火炮的区别主要有以下几点。

（1）战场机动方式不同

牵引式火炮需要借助外力（骡马、汽车）进行大距离机动，一部分带有小型动力系统的现代火炮只能在进入现场后小范围机动。而自行火炮一般采用坦克底盘，自身带有动力，可自由机动到指定位置进行火力支援。

（2）防护能力不同

传统牵引式火炮只有防盾保护，无法有效保护炮兵安全。而自行火炮采用装甲车身，炮塔一般可防枪弹和炮弹破片杀伤，能够让成员得到一定保护。

（3）发射方式不同

牵引式火炮一般采用人工装填，部分火炮配有半自动输弹机，自动化程度比较低；自行火炮普遍采用装弹机，减轻人员体力，自动化程度比较高。

（4）战场适应能力不同

牵引式火炮从构筑阵地到进入阵地，再到战斗转换，需要一定时间，如果是打击后再撤离阵地（敌方有反炮兵雷达很快就会反击）需要更久的时间，对炮兵安全很不利。自行火炮战斗转换时间很短，一般就是几分钟，打完后可以迅速撤离，转换阵地，确保自身安全。

（5）价格不同

传统火炮价格比较便宜，装备数量巨大，而自行火炮造价比较高，大国或较为发达国家装备得比较多。

（6）体积、重量不同

虽然牵引火炮自身没有动力，但是自身体积较小，重量也比较轻，最新的超轻型榴弹炮重量只有4吨左右。而自行火炮一般都是有二三十吨的重量，体积巨大。

（7）作战模式不同

传统牵引火炮一般需要其他人配合、侦察、测距、射击诸元设定、射击、目标校正等，过程比较复杂，信息化程度不高。自行火炮从目标侦察到指挥通信，再到设定诸元、打击、目标校正，由整个系统的不同功能车完成，信息化程度高，效率更高。

美国士兵正在使用 M119 105 毫米牵引式榴弹炮

FH70 155 毫米牵引式榴弹炮开火瞬间

Part 01　陆战知识理论篇

M109A6 自行榴弹炮编队

NO.39　自行火炮到了高原地区会降低命中精度吗？

高原地区是指海拔高度在 500 米以上，面积广大，地形开阔，周边以明显的陡坡为界，比较完整的大面积隆起地区。在高原地区，自行火炮射击时容易产生远弹、偏弹等现象，致使火炮命中精度降低，故障率增加。其主要原因有以下几点。

（1）自行火炮射击易产生远弹

由于高寒高原地区空气密度小，对弹丸的阻力相对减少，致使炮弹初速增大，射弹大部偏远。如有的射弹本应打在 2 米的炸点上，结果却飞到了 21.4 千米的炸点上。这是因为炮兵射击并不是在真空中进行，而是在浓厚的空气层中进行。自行火炮在高原高寒地区射击时，对空气中的温度、风速、风向、大气的压力是极其敏感的。当空气湿度高，空气浓密程度小时，它们对炮弹的阻力也相对较小。到温度低，空气浓密程度大时，对炮弹的阻力也会变大。

（2）自行火炮射击易产生偏弹

偏弹是指射弹散布中心对目标的偏离程度。这种偏离是由在射击准备过程中测地、气象、弹道等方面的误差、射表误差和武器系统技术准备误差等综合产生的射击诸元误差造成的,通常称为诸元偏差,因此射击准确度又叫诸元精度。射击准确度一般用平均弹着点偏离预期命中点的距离来近似度量。这个距离越小,射击准确度就越好。平均弹着点是一定数量弹着点分布空间的中心位置,在弹着点无限多时它就是射弹散布中心。由于高寒高原地区气候多变,空中弹道风速变化快,使火炮射弹散布增大。一般情况下,射弹散布可超过标准射弹散布的1倍以上。

(3) 自行火炮射击校正不准确

在低气温条件下射击时,低温环境对火炮的射击精度、炸点观察修正等也会带来很大的影响。严寒低温和积雪对观察炸点、校正射击影响很大,通常情况下,炮兵人员观察目标距离在2000米以上,积雪超过50厘米时,观察炸点非常困难,不易判明远、近弹。

(4) 高原地区环境条件下,发动机易过热

自行火炮翻越高原,上坡行驶多,造成大负荷工作,循环供油量增加,产生热量增加,空气密度小,流经散热片的空气量和流速大大降低,超过了大气温度低带来的好处,使发动机容易过热。

"豹2"主战坦克在高原地区行驶

Part 01　陆战知识理论篇

土耳其士兵在雪地里发射 M110 自行榴弹炮

M109 自行榴弹炮的后膛特写

2S9 自行迫击炮正在开火

NO.40　火炮发射时炮口火焰如何消除？

火炮在射击时，会在炮口出现巨大的火焰和烟雾。这种炮口火焰虽然很好看，但会暴露火炮阵地的位置，干扰炮手的视线。对炮兵部队的安全十分不利，所以要对炮口火焰进行消除和抑制。

炮口火焰的产生是由于发射药燃烧，推动炮弹从炮口飞出后，高温燃烧气体从炮口溢出所产生的物理和化学现象。炮口焰按时间顺序可分为前期焰、初次焰、炮火辉光、中间焰和二次焰。

前期焰是部分早期泄漏的燃烧气体从炮口溢出产生的。

初次焰是炮弹出膛后，高温燃烧气体涌出炮口产生的。

炮火辉光是高温气体激发出的可见光。

中间焰是因为激波压缩，导致高温高压，气体再次燃烧所产生的。

二次焰是火药燃气中产生的一氧化碳、氢气、甲烷等可燃气体与空气混合再次燃烧产生的。

在这五种类型的火焰中，最强烈的就是初次焰、中间焰和二次焰。所以抑制炮口火焰，主要就是抑制这三种类型。通常有物理方法和化学方法。

物理方法就是在炮口增加消焰器。消焰器的种类有很多，有锥形消焰器，筒形消焰器，叉形消焰器以及组合式消焰器。而化学方法是使用消焰剂。经常使用的消焰剂是碱金属化合物，如冰晶石、硫酸钾、亚硝酸钾等有机盐类。这些消焰剂能够提高混合气体的点火温度，抑制可燃气体中自由基的链式反应，从而达到抑制炮口火焰的目的。但是传统的消焰剂容易吸湿受潮，稳定性差，炮口烟雾多，严重影响弹道精度。所以新型的有机钾盐类消焰剂也在不断的研制开发之中。

大口径火炮使用的分装式发射药包，辅助添加剂中也有消焰剂。

AS90 自行火炮炮口特写

"挑战者 2"主战坦克发射时产生的火焰

美国 M1 主战坦克正在发射炮弹

美国士兵正在使用 M198 155 毫米自行榴弹炮

NO.41 火炮炮管上的抽气装置有什么作用？

抽气装置在现代主战坦克的坦克炮以及自行火炮的加榴炮上比较常见，它是一种用来为火炮抽出发射时残留在炮膛内的火药气体的装置。

火药气体与火炮的发射原理相关，自行火炮与坦克炮和牵引式火炮不同，采用了封闭式炮塔结构而非牵引式火炮的开放式结构，因此在炮弹发射瞬间，燃烧室内高温高压火药燃气助推弹丸高速飞出炮膛的同时，这些气体自然也就会顺势充满整个炮膛，甚至从炮膛中散逸出来。火药气体中含有火药成分，因此具有高度侵蚀性和毒性，此外气体中还富含一氧化碳，会使封闭式炮塔内的乘员中毒。因此在炮管上安装一个抽气装置将其抽出来，是非常有必要的。

早期的坦克和自行火炮，在炮管上并没有这个装置。一般都是通过战斗室内的小排气扇来解决废气问题。除此之外，车组乘员还会把舱盖打开，来将车内的废气排出去。二战结束后，由于坦克炮及自行火炮的口径越来越大，发射弹药越来越多。另外战场环境对车辆的密封要求也越来越高，原来的换气扇已经难以满足需要，因此出现了炮管抽气装置。

抽气装置由贮气筒、固定螺环、喷嘴、弹子和放液孔螺塞等组成。其工作原理是：火炮点火后，弹丸经过炮管时，贮气筒内气压逐渐升高，而膛内压力下降；当弹丸射出炮口时，膛内压力和贮气筒内压力相等，此时充气过程结束。随后，弹子因自身重量下落，堵住弹子孔使气体不能由该孔流回炮膛，膛内压力再急剧下降，待贮气筒内气压高于膛内压力后，贮气筒内的火药气体便由喷嘴向前高速喷出，在八个喷嘴后方形成低压区，将炮膛和药筒内的火药气体抽出去。从喷嘴喷出的气流，不仅能抽出炮膛内的火药气体，而且还能抽出战斗室内的部分气体。因而，减少了战斗室内一氧化碳的浓度。

抽气装置的布置位置因火炮的总体设计需求不同而异，有的在前部，有的在中后部。除了抽气装置，现代火炮上还有一个装置也会使炮管变粗，它就是热护套，它的主要作用是为了减小火炮身管由于外界冷热作用不均匀而产生的身管弯曲，以提高火炮射击精度。现代主战坦克和自行火炮，有的时候已经采用抽烟装置和热护套综合设计，将其结合在一起，这样就很难单独区分。

炮管抽气装置示意图

日本 90 式主战坦克的抽气装置在炮管中部

俄罗斯 T-14 主战坦克没有抽气装置

NO.42 现代火炮口径是如何确定的？

世界上大多数军队所装备的火炮，都可按照射程和口径应分级别，例如从小口径的20毫米炮，到大口径的155毫米榴弹炮。为了减轻后勤负担，世界上主要军事强国都力求简化火炮口径的级别。简化弹药的口径，可以节省装备费用，降低后勤部门的劳动强度。

例如美国陆军只保留25毫米机关炮、105毫米线膛坦克炮、105毫米榴弹炮、120毫米滑膛坦克炮、155毫米榴弹炮和227毫米火箭炮等六种口径的火炮。美国空军则只有20毫米六管"火神"加特林炮，就一种航炮，装备所有战机。美国海军则只有20毫米六管近防炮、57毫米舰炮用于濒海战斗舰，76毫米舰炮装备护卫舰，127毫米舰炮装备所有的巡洋舰和驱逐舰。以上共计11种火炮口径和制式，是世界上火炮口径和弹药制式设置最简洁的军队。就是加上二战以来的退役口径，也只有40毫米、90毫米、175毫米和203毫米四种。

俄罗斯军队比较独特，为了避免同口径不同制式弹药的混淆，在20世纪五六十年代还刻意地细分口径，例如根据《苏军内幕》一书介绍，当BMP-1步兵战车在1967年首次红场阅兵式上展出时，西方世界一直以为其主炮是76毫米口径的，因为76毫米口径是苏军火炮的标准口径，于是将这种步战车命名为"BMP-76"型步兵战车，等到稍后的中东战争时，以色列缴获了一部分苏制BMP-1步战车，才发现上面的火炮是一种使用73毫米独特口径和火箭助推弹药的低压滑膛炮。

在坦克炮领域，苏联的T-64型坦克和T-72型坦克刚刚面世的时候，北约国家的情报部门曾习惯性地坚持认为T-64和T-72坦克装备的是122毫米主炮。因为122毫米和76毫米都是苏联的标准口径，苏联在早期的JS-2和JS-3重型坦克上均装备122毫米坦克炮。但后来西方军队实际接触这两种新型坦克后，却大跌眼镜，苏联为新型主战坦克研制了全新口径的125毫米坦克炮。相同的例子还有苏军将T-55主战坦克的100毫米坦克炮升级为T-62主战坦克独特的115毫米口径坦克炮。

20世纪70年代，苏军在火炮口径上又走了另一个极端，他们极力简化火炮口径，力图将陆海空军的火炮口径简化为：30毫米、76毫米、122毫米、125毫米、130毫米和152毫米等6种，但在具体口径级别的火炮设计时，却使用不同制式的弹药，造成相同口径的火炮之间弹药不能通用，例如

30毫米机关炮，苏军就开发了陆军战车使用的2A42和2A72机关炮，空军使用的AO-17A双管加斯特原理机炮和GSH301单管的身管短后坐机炮，海军则开发了AK630舰炮的AO-18内能源六管转管自动机。这些机关炮的口径均为30毫米，但是弹药全都不通用，性能也各异。

BMP-1 步兵战车

苏联 T-62 主战坦克

Part 01　陆战知识理论篇

现代坦克装填炮弹

现代迫击炮使用的炮弹

NO.43 压制性火炮有哪些？

压制性火炮包括榴弹炮、加农炮、加农榴弹炮、火箭炮和迫击炮。

榴弹炮身管较短，初速较小，能够进行高、低射界（射角45度以上为高射界，45度以下为低射界）射击。弹道较弯曲，射击死角区小，易于选择阵地，能执行多种射击任务，是一种用途较广泛的火炮。榴弹炮按机动方式可分为牵引式和自行式两种。

加农炮身管长、初速大、射程远、弹道低伸，适用于对垂直目标、装甲目标、水面舰艇射击和执行远射任务；但由于其弹道低伸，阵地配置易受地形限制，射击死角区较大。加农炮按口径可分为：小口径加农炮（75毫米以下）、中口径加农炮（76～130毫米）、大口径加农炮（130毫米以上）；按机动方式可分为牵引式和自行式两种。

加农榴弹炮简称加榴炮，具有加农炮和榴弹炮的特征。自行加农榴弹炮还具有机动性能好、防护力强、方向和高低射界大、战斗转换时间短等特点，适应了与机械化部队协同作战的要求。

火箭炮是发射火箭弹的火炮。现代火箭炮多为管式火箭炮，一次可发射一至数十发火箭弹。火

美国M59加农炮

箭炮发射速度快、火力猛、机动迅速，主要用于对地面目标进行突然、猛烈的突击，压制敌有生力量、装甲目标及其他技术兵器。火箭炮散布大，需要有较大的安全界。发射时火光大，阵地易暴露。

迫击炮身管短、初速小、射角大、射程较近、弹道弯曲、射击死角区小，适用于对遮蔽物后的目标和水平目标射击。其具有体积小、重量轻、便于隐蔽和机动、便于选择阵地等特点，通常作为伴随炮使用。迫击炮按口径大小可分为三类：大口径（或重型）迫击炮、中口径（或中型）迫击炮、小口径（或轻型）迫击炮。

苏联 ZiS-3 加农炮

苏联 M-30 榴弹炮

德国 GrW 34 迫击炮

NO.44 步兵能够携带的火炮有哪些？

日俄战争中，俄军为了对付日军的堑壕战术而将 47 毫米海军炮搬上岸，以仰射的方式发射超口径炮弹打击堑壕中的日军。其后，在一战中迫击炮发展成熟，并发明了现代原理的迫击炮。对于步兵来说，能够伴随作战的火炮是最宝贵的，这种火炮一般叫作队属火炮，其中迫击炮是最常见的队属火炮。

早期在各国的步兵部队中，迫击炮并不是主要的队属火炮，当时各国步兵普遍装备的是步兵炮，就是轻型榴弹炮。"二战"中，参战各国发现，步兵炮对于步兵来说实在太重，而迫击炮由于重量轻，能够伴随步兵的运动，且迫击炮的炮弹比步兵炮的威力还要大，所以步兵炮大部分被迫击炮取代。对于不能直射的问题，当时各国尤其是欧洲各国普遍采用反坦克炮直射的办法来对付需要直射的目标。

二战之后，无后坐力炮的技术发展成熟，使无后坐力炮成为营团级反坦克火力的骨干，火箭筒因射程太短，无法作为团级单位的反坦克火力使用，只能放在连排，这时各国步兵的队属火炮一般包括迫击炮和无后坐力炮。

不过随着技术的发展，无后坐力炮的反坦克作用逐步被反坦克导弹所取代，一般各国都把反坦克导弹作为步兵反坦克的主要力量，火箭筒尤其是一次性火箭筒作为单兵的反坦克武器。

对于迫击炮来说，它的曲射目标没有什么变化，所以还是作为支援步兵的主要火器，而步兵携带的直射火炮现在不仅包括无后坐力炮还有自动榴弹发射器，由于榴弹发射器的弹药可以和枪挂式榴弹发射器通用，目前各国大都是用自动榴弹发射器作为支援步兵的主要直射火器。不过由于榴弹的威力不如无后坐力炮，在一些特殊的场合，就得靠无后坐力炮的炮弹来展示威力。

现在步兵配备的队属火炮主要是迫击炮和榴弹发射器，无后坐力炮在进行城市战的时候也会加强给步兵。

美军士兵正在发射迫击炮

士兵正在检查K6"索尔丹姆"迫击炮

美军士兵操作 M120 迫击炮发射炮弹

M120 迫击炮使用的炮弹

NO.45 非直瞄火炮具体的瞄准过程是怎样的？

一般口径与炮弹较小，初速较大，后坐力也小，射击目标时抛物线过程比较平直的火炮被称之为直瞄式火炮，也叫加农炮。而口径与炮弹较大较重，且初速高，后坐力大，射击目标时抛物线比较高，通过抛物线还可以单炮多发同时落地打击对方阵地等大面积目标，这种火炮被称之为非直瞄式火炮，也叫榴弹炮。非直瞄火炮的瞄准过程是先测量目标位置的坐标，再对照地图，通过计算再对准一定的仰角和方位角射击，由于炮弹延着较高的抛物曲线弹道飞行。适用于打击远距离/隐蔽的目标，也可打击固定目标，使用集火的方式还可以打击坦克战车等地面运动装甲目标。

火炮在射击开始前必须要做好侦察、测地、气象、技术、弹道等准备。射击法则主要包括简易法、精密法、成果法、优补法和弹测法等。简易法射击是根据不完整或不精确的弹道、气象资料决定射击开始诸元的方法。它主要包括单观偏差法、夹差法、交会观察射击等，通常利用地图决定测地诸元，一般在营、连范围内实施。测地准备都是一样的，即根据侦察兵的简易连测结果或利用地图与现地对照，定目标于图上，并根据基准射向坐标方位角，分别画出观、炮的基准射向线；发现目标后可根据观目方向和观目距离，结合地图与现地对照，定目标于图上。在地图上查出目标高程，量出目标测地诸元。

精密法射击是指在较精确的测地诸元基础上，根据完整的弹道条件和适时的气象通报计算射击条件修正量，决定射击开始诸元的方法。精密法作业的基本思路是按一定的要领在目标区域内确定数个计算点，预先计算出各个计算点修正量，然后利用计算点修正量通过一定的方法求取目标修正量，求取目标的射击开始诸元。

成果法射击是在较精确测地诸元的基础上，利用对试射点试射的成果或对目标射击的可靠成果求出试射后修正量，以决定射击开始诸元的方法。结束射击时，被确认的平均炸点位置相应的表尺、高低、方向以及引信分划，称为射击成果，也称成果诸元。试射结束时的射角，叫成果射角，成果射角也称成果表尺。试射结束时的方向，叫成果方向。试射点的精度指标：满足以上条件的射击成果，称为可靠的射击成果。

优补法射击是在较精确测地诸元基础上，利用计算的射击条件修正量和根据实际射击后求出的补加修正量，以决定射击开始诸元的方法。

弹测法射击现在基本淘汰了，它主要是通过实弹发射求得同批号炮弹的初速减退量。总的来说各国的非直瞄火炮瞄准过程都不可能一致，但是理论上应该都是大同小异的。

美国 M114 榴弹炮

硫磺山要塞的加农炮

NO.46 各国现役大口径榴弹炮有没有直瞄平射能力？

直瞄是火炮的瞄准方式之一，另一种方式就是间接瞄准。

直瞄就是武器瞄准点和目标在一条直线上或基本在一条直线上，而间瞄是指瞄准点与设计目标不在同一直线上，间瞄武器的弹药飞行轨迹呈弧形，一般是抛物线形状。例如坦克炮一般都是直瞄，而大口径榴弹炮都是间瞄武器，所以大口径榴弹炮射程较远、弹道弧形、需要弹道解算来确定炮口角度，可跨越障碍物攻击目标。但是，目前各国现役的大口径榴弹炮进行直瞄平射，也是训练的必备科目，一般用来攻击视距范围内的建筑物、掩体等目标，也可在紧急情况下用于攻击接近的敌方坦克和战斗人员。

火炮只要实战需要都是可以进行直瞄的，只不过有的火炮因素特性限定直瞄时比较勉强，使用起来不方便，比如迫击炮就是设计用来打高曲线弹道的火炮。而像加农炮、坦克炮、榴弹炮等这几种火炮都是具备直瞄能力的。

各种火炮只要战场上有要求，就可以随时实施直瞄直射打击。只不过如果到了使用榴弹炮直接攻击目标的地步，一般情况应该都是比较紧急，火炮武器一向都是适合在后方提供火力支援，不会出现在战场第一线。榴弹炮常用的底排弹属于旋转稳定弹，这种弹药射程远、空气阻力小，并且弹药底部的排气装置在炮弹出膛时点燃排气药剂，喷出气体，达到减少底阻增大射程的目的，这种弹药极为适合榴弹炮的间瞄抛物线射击。而另一种弹药——超口径尾翼弹，在发射前尾翼合拢，出膛后尾翼张开，阻力大、射程近但是稳定性好、精度高，常被用于直瞄射击。

世界各国现役的大口径榴弹炮，例如英国 AS90 155 毫米自行榴弹炮、日本 99 式 155 毫米自行榴弹炮、瑞典 FH-77BW 155 毫米自行榴弹炮、美国 M109A6 式 155 毫米自行榴弹炮、韩国 K9 155 毫米自行榴弹炮、德国 PzH2000 155 毫米自行榴弹炮等都具备直瞄平射能力，而直瞄平射对于当今各国火炮部队来说也是常练科目之一。

当然，大多数时候像榴弹炮这类远距离支援火力，更多还是使用间瞄方式，利用其高曲线弹道来攻击远处的敌方目标。这种瞄准与攻击方式基本是无法直接看到目标的，需要前方观察人员随时为后方炮群提供相对准确的火力参数，才会准确地攻击目标。比如，在山体背后的目标；间瞄方式对地形要求不是那么高，而直瞄则不同，必须要求拥有良好的视线及没有障碍物阻挡炮弹的飞行路线。

瑞典 FH-77BW 155 毫米自行榴弹炮

韩国 K9 155 毫米自行榴弹炮

Part 01　陆战知识理论篇

德国 PzH2000 155 毫米自行榴弹炮

NO.47　现代战争中，高射炮还有用武之地吗？

高射炮主要用于攻击飞机、直升机和飞行器等空中目标。它产生于一战期间，在战争史上掀开了防空作战的新篇章。当前，大口径高射炮虽逐步被地对空导弹所取代，但各国仍装备和研制了相当数量 40 毫米以下的高射炮系统，并广泛采用多管联系，配备雷达或光电火控系统，和火炮、火控同装在一辆车上的三位一体式自行高射炮。

近年来，各国已研制并开始列装的高射炮与防空导弹于一体的防空系统堪称现代防空兵器的重要发展趋势。现代战争证明，高射炮是现代防空武器系统的重要组成部分，在地对空导弹已成为地面防空主力的今天，高射炮在抗击低空目标时仍将发挥重要作用。所以，进入 21 世纪之后，高射炮的种类和型号也越来越多,各种新型高射炮开始登上战争的舞台,如电磁高射炮、激光高射炮、隐身高射炮、火箭高射炮和智能高射炮。

高射炮系统能在全天候条件下连续测定目标坐标,计算射击诸元,使火炮自动瞄准和射击。自行高射炮系统由装于同一车体内的炮瞄雷达、光电跟踪和测距装置、火控计算机以及火炮构成。牵引高射炮系统一般由炮瞄雷达、高炮射击指挥仪、电源机组和多门高射炮构成。

在对空作战中,高射炮系统的炮瞄雷达根据目标指示雷达提供的目标信息,搜索、识别和跟踪目标,测量出目标现在坐标(目标的斜距离、方位角和高低角),并将其不断地传给高炮射击指挥仪。指挥仪根据目标现在坐标和有关参数决定对目标射击的提前点位置,算出射击诸元(提前方位角、射角和引信值),并将其不断地传送给火炮随动装置。随动装置根据射角和方位角诸元驱动火炮,使炮身处于发射位置,以便进行射击。大、中口径高射炮的随动装置还控制引信测合机装定引信分划,使引信适时起爆弹丸毁伤目标。

高射炮系统和其他兵器一样,只要战争存在一天,它就会在互相竞争、优胜劣汰的战场上一直发展下去,不会停留在某一水平上,只会随着高新技术成果的开发与利用,在原有的基础上不断地改进与革新。未来的高射炮将射得更远,威力更大,性能更加先进,并继续在反空袭作战的战场上发挥重要作用。

德国"猎豹"防空坦克

Part 01 陆战知识理论篇

美国 M42 自行高射炮

日本 87 式自行高射炮

俄罗斯 ZSU-23-4 自行高炮

NO.48 什么是液体发射药火炮，有什么优点？

　　液体发射药火炮，是以液体发射药代替传统固体发射药的一种新能源火炮，可通过控制从喷孔喷射发射药的流速和流量来调节膛压。按液体发射药装入方式，液体发射药火炮工作原理可分为再生式和非再生式两类，两者相比，再生式发展潜力更大。再生式液体发射药火炮的原理就是将炮尾药室改为贮液室和燃烧室，贮液室向燃烧室喷射或注入发射药。

　　与传统的固体发射药火炮相比，液体发射药火炮有以下几个优点。

　　（1）有较好的内弹道性能。由于液体发射药火炮采用喷注式燃料供给系统，在内弹道工作过程中，可有控制地向燃烧室喷注发射药，控制气体生成率，从而提高内弹道工作过程中的平均压力，并降低峰值压力。一般而言，在同样炮膛工作容积条件下，可以比固体发射药火炮初速提高 15% 以上。

　　（2）简化了装药，降低了弹药成本。一方面，液体发射药火炮弹药不需要专门的药筒，另一方面液体发射药生产工艺简单，成本低，便于大量生产。

　　（3）有利于火炮的自动化和提高射速。弹和药分别供输，改善了定装式供弹系统结构庞大复杂，供弹速度慢的问题。

　　（4）增强了火炮持续作战能力、生存能力和快速反应能力。一方面，由于液体发射药占用空间小，可以大幅增加自行火炮携弹量。一般而言，可增加三至四倍的携弹量。另一方面，弹与药布局更合理，可以使自行火炮车体设计得更为紧凑，从而提高全车的防护性能。

（5）简化了弹药供应及后勤保障。由于液体发射药特殊的贮存方式，比传统的药筒少占用不少空间，因此更便于后勤运输。

NO.49 火箭炮齐射时，会在空中交汇点相撞吗？

火箭炮向来是陆军火力支援的主力，以求在极短的时间内，对目标区形成大面积火力毁伤区，用以歼灭、压制敌方的有生力量。如果火箭弹在空中交会点相撞的话，一则可能会给己方造成一定的危害；二则会削弱火力打击的力度和范围，得不到预想的火力压制效果，从而贻误战机。因此，火箭炮的发射，一般都不会出现在空中交汇点相撞的情况。

首先，单车齐射，在肉眼看来火箭弹是同时发射，但事实上火箭弹是逐个发射的，每个火箭弹之间都有细微的发射间隔，目前火箭弹的发射时间间隔一般为0.4～0.8秒。而由于火箭弹的射速极快，在极短的时间内，火箭弹就可能飞出很远的距离，因而很难出现火箭弹在空中交会点相撞的情况。

其次，如果多车齐射的话，发射车则需要严格按照相关标准来安排阵地，调整火炮发射角度。这些标准，都是经过严格计算、反复试验后的结果，既确保火箭弹不会在近距离范围内相互干扰、相撞，给己方造成危害，同时也要保证火力打击密度和威力，给予敌方以歼灭性的打击。

最后，如果交错射击的话，则需要合理安排射击间隔，避免火箭弹在安全距离内交会相撞。

由于各种因素的影响，火箭弹也有可能在空中交会点相撞，但届时，火箭弹应该已经飞

美国 M270 227 毫米火箭炮示意图

出很远的距离，不会对己方造成什么危害，而且概率很小。

目前，各国的火箭炮都安装了各种先进的电子设备、信息系统、指挥控制系统等，可以有效实现火箭炮之间的协调、配合，以保障射击的安全性和火力打击密度。

美国 M270 227 毫米火箭炮正在发射

士兵正在为火箭炮装填炮弹

火箭炮内部控制台

NO.50 反坦克导弹性能设计主要经过哪些步骤？

在 20 世纪 70 年代后的多次局部战争中，特别是在中东战场上，反坦克导弹以其辉煌的战绩，证明它是当今坦克等装甲车辆的最大克星之一。20 世纪 80 年代后，各国装备的反坦克导弹不断改型，多用途反坦克导弹以及敏感子母弹、分导多弹头和远距离攻击集群坦克的反坦克导弹正在研制之中。半个多世纪以来，反坦克导弹经历了"四代"发展，战术技术性能得到显著提高，已成为世界各国反坦克武器的主体。

反坦克导弹是由多部件组成的复杂系统。其总体设计是一个需要多次迭代和优化的过程，以实现各分系统、各设备、各部件的作用和性能协调一致。对系统进行总体设计时，还应在综合作战效能最大化的前提下，充分考虑所需的研制周期，在最新技术和成熟技术之间进行合理取舍，以达到先进性、经济性、装备部队的快速性和可靠性的合理分配。

导弹性能设计是总体设计工作中的关键环节。在设计初期，由于不确定因素、约束条件较多，决定了导弹性能设计的反复性，需经过多次计算、试验，方能达到优化设计的目的。导弹性能设计的步骤包括以下几点。

（1）根据目标的装甲类型和特点，确定导弹所要配备的战斗部和引信的技术方案及主要技术指标。

（2）根据目标的运动特性及攻击部位，选取导弹制导系统的制导体制、特点及主要技术指标，选取导弹的断示弹道方案、发射及动力装置的方案及技术指标。

（3）初步拟定导弹上各设备、推进剂的质量及其所占体积，根据战斗部和发动机的最大直径确定导弹的最大直径和长度。

（4）选取各部件在导弹上的布局安排，弹体的空气动力外形及弹体结构的形式，计算导弹的质量和质心、转动惯量和气动参数。

（5）设计在发射的准备工作及导弹的发射、飞行过程中，导弹系统中各部件的动作时间顺序。

（6）通过对飞行弹道的理论计算，核算发动机推力和推进剂质量是否满足对射程、飞行速度的要求，并对控制及导引系统进行设计计算，完成后进行质点系或空间弹道计算。同时检验导弹的气动特性、动力装置特性、弹体振动特性。根据弹道特性和弹体动态特性分析，调整导弹总体参数。

FGM-148"标枪"反坦克导弹

9M133"短号"反坦克导弹发射器

Part 01 陆战知识理论篇

英国的"硫磺石"反坦克导弹是一种先进的"射后不理"反坦克导弹

反坦克导弹通过瞄准镜瞄准目标

NO.51 迫击炮的工作原理是什么？

迫击炮结构简单的主要原因是没有反后坐系统。除一些比较复杂的迫击炮外，其余都靠地面承受后坐力。正因为如此，迫击炮只能进行高射界射击。与一般火炮相比，迫击炮的精度较差，这在很大程度上是由于迫击炮弹飞得高而且其后半部分很长所致。虽说如此，但现代迫击炮目前能够获得几乎可与一般火炮相同的覆盖区。例如，英军 81 毫米迫击炮可将其 50% 的射弹投入 5000 米距离以外的一个 60 米长，30 米宽的区域内。这一点可与英军 105 毫米轻型火炮相比，后者可将其 50% 的射弹投入 17000 米距离以外的一个 50 米长，34 米宽的区域内。

多数迫击炮的射程都比较近，其原因是迫击炮弹的飞行速度低于声速。可以看出，81 毫米迫击炮弹是靠尾翼稳定的，并有一个在大角度着发时适于获得良好破片效应的外形迫击炮的基本问题一直是炮膛密闭问题。当迫击炮弹装填后在身管内下滑时，其周围必须有一定的间隙。否则，炮弹会被卡住或下滑很慢，从而降低发射速度。然而，当炮弹沿身管上升时，需要有良好的密闭条件，使火药气体不致外泄而降低初速和缩短射程。解决这一问题的方法之一是在身管底部安装气阀，使炮弹在身管内下滑时可排出空气，但气阀容易沾染火药残渣和卡住炮弹。另一种方法是在炮尾装填炮弹，但这破坏了迫击炮结构简单的原则。最后研制了一种塑料密闭环。密闭环在火药气体作用下体积膨胀使之紧压身管内壁，从而解决了英军 81 毫米迫击炮炮膛密闭的问题。

迫击炮具有巨大的价值，主要因为它结构简单，覆盖面积大，杀伤

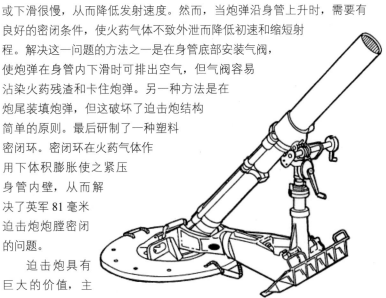

M2 60 毫米迫击炮示意图

力强，射速高和节省人力；虽然射程近，但还是可以接受的。过去，迫击炮常常是唯一能对付遮蔽物后敌军的武器。但现在多数现代火炮都能实施高射界和低射界射击，以更高的精度和更远的射程完成迫击炮的大部分任务。但是这些火炮结构复杂，需要更多的人员操作，重量较大，射速较低而且价格较高。

Part 01 陆战知识理论篇

士兵正在讲解如何使用迫击炮

迫击炮正在装弹

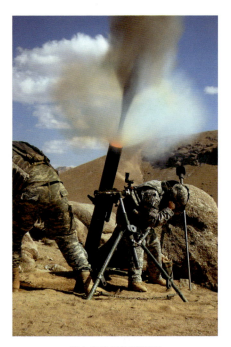

迫击炮发射炮弹瞬间

NO.52 迫击炮能轻易击中遮蔽的目标的原因是什么？

迫击炮是一种主要进行高射角射击的曲射火炮，因其自身所具有的迫近射击的特点而得名。

现代迫击炮是英国发明家温弗雷德·斯托克斯爵士在1915年发明的，特点是可分解、便于携带。1927年，法国研制出了采用缓冲器的斯托克斯-勃朗特81毫米迫击炮，克服了炮身与炮架刚性连接的缺点，基本具备了现代迫击炮的特点。

与榴弹炮、加农炮等身管火炮相比，迫击炮结构要简单得多，就是一个底部装有击针、没有膛线的管子，用两脚架支撑炮身以及调整射角、座钣承受后坐力，炮身上装有可拆卸的瞄准机构。小型迫击炮甚至不用两脚架支撑，用单手握持即可发射。

迫击炮发射的炮弹都带有尾翼，作战时的射角一般在45°～85°，所以弹道是弯曲的，就是一条抛物线，致使其最小射程很小，很适合打击近距离遮蔽物后面和反斜面上的目标。由于迫击炮轻便灵活，射击死角很小，所以成为步兵最可靠的近距支援火力。

迫击炮按口径可分为轻、中、重型：口径在60毫米以下的称为轻型迫击炮；口径在60～100毫米之间的迫击炮称为中型迫击炮；口径在100毫米以上的迫击炮称为重型迫击炮。现代各国军队普遍装备的轻型迫击炮是60毫米迫击炮；中型迫击炮为81毫米（西方）或82毫米（东方）迫击炮；重型迫击炮为100毫米、120毫米和240毫米迫击炮，其中以120毫米迫击炮最多。

日本陆上自卫队员在演示L16迫击炮的组装流程

L16迫击炮炮口特写

现代迫击炮使用的炮弹（由左至右分别是 M69 练习弹、M49A2 高爆弹、M302 白磷弹、M83 照明弹）

保存至今的 M30 迫击炮

NO.53 小型迫击炮是怎么对目标测量定位的？

迫击炮是对遮蔽目标实施曲射的一种火炮，多作为步兵营以下分队的压制武器。其最大本领是杀伤近距离或在山丘等障碍物后面的敌人，用来摧毁轻型工事或桥梁等，也可用于施放烟幕弹和照明弹。在海战中也被用来作为深水炸弹投掷器使用。

老式的迫击炮是靠经验丰富的炮手来瞄准射击的，如大多采用"跳眼"法测距方法，即右臂伸直竖起大拇指，对准目标，先用左眼看，再用右眼看，估算大拇指所指向物体的距离，再乘10（人手臂长度大约是瞳孔间距离的10倍），这就得到大概的距离。根据测得的实际距离调整迫击炮的角度而打击目标。这个方法需要由专业的人士操作，不仅需要实践，也需要实战。

士兵察看M224迫击炮小队的光学瞄准具

现在服役的迫击炮都是用光学望远镜瞄准的。

（1）在瞄准器的镜片上有带坐标的十字标识。

（2）距离的调整：有一个距离补偿旋钮，通过调整可消除第一次试射而造成的射击距离的偏差，最后达到距离的定位。

（3）左右的调整：由于受风向、风量大小的影响难免产生左右偏差，调整此旋钮，可使弹着点得到修正。通过距离、左右的调整，最后使目标锁定十字线中心，即可完成整个测绘。

士兵正在对目标进行瞄准操作

别告诉我你懂军事（陆战篇）

士兵小组携带迫击炮到发射地点

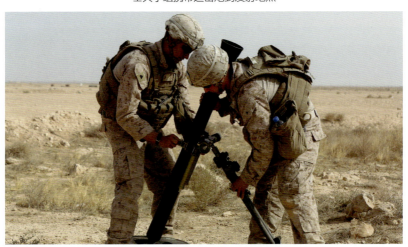

士兵正在组装迫击炮

NO.54　城市作战中，迫击炮与直瞄火炮哪个更有效？

在城市中，有非常多的高低建筑，而这些建筑可以大大减小坦克炮一类直瞄火炮的支援效率。因为这些弹道又低又平直的火炮很难越过高高的建筑去打击建筑后的敌人，在己方部队被攻击时也很难迅速找到一个合理的支援位置。这些直瞄火炮的死角很大，但迫击炮这种曲射弹道武器的死角却相对小很多。迫击炮可以更有效地打击躲在建筑物顶或者后面的敌人，也更容易找到一个合适的射击位置。最重要的是，直瞄火炮的炮管往往都很长，在狭窄的城市内移动瞄准很不方便，而单兵小组就可以轻松携带的迫击炮则没有这些问题。

坦克炮这样的大口径武器，弹药价格偏高。虽然它威力大精度高，但打击效果比较单一。而迫击炮不同，通过使用不同的弹种，迫击炮在无论是进攻还是防御作战中都能有效使用。而城市作战中的敌人往往都是散开的，这时候使用昂贵的坦克主炮轰击就很不划算，但迫击炮可以很有效地打击这些分散在各个不同位置的敌人，弹药价格还更低。

此外，很多大口径火炮的装填时间都比

士兵正在给迫击炮装弹

较长，七八秒甚至更长时间才能打出第二发炮弹，这很明显不利于火力压制的持续性。而且大口径火炮携带弹药不多，火力持续时间不足，更糟糕的是弹药打完了就只能到基地进行补给。但迫击炮的射速可以很快也可以很慢，可以根据情况进行调整，而且迫击炮弹药可以通过人力搬运，不必专门回到基地进行补给，作战持续性比那些大口径火炮强很多。

发射中的迫击炮

迫击炮发射时产生的火焰

NO.55 火箭炮发展到现在是否能取代大口径火炮？

目前，世界各国陆军装备的大口径火炮基本都是155毫米口径的榴弹炮，相对于火箭炮来说，大口径榴弹炮的威力和射程的确差了很多。二者的作战距离，并不重复。大口径榴弹的作战距离小于火箭炮，但由于火力打击也要分层分距离，战场上的需求也不同。

在使用灵活性上，火箭炮远不如大口径榴弹炮。牵引式的大口径榴弹炮可以用直升机调运，不但可以快速部署，及时到达，而且还可以部署的山区或者沼泽等火箭炮难以到达的位置。而自行榴弹炮的行驶通过能力也强于火箭炮。其可到达能力也是强于火箭炮的。所以火箭炮受到使用环境的影响也不可能替代大口径榴弹炮。

大口径榴弹炮的后勤压力远小于火箭炮。火箭炮的发射速度快，而且火箭炮的炮弹体积也大，对后勤压力很大，需要很多弹药补给车辆，而自身的自卫能力又不足，只能在比较靠后的位置部署，所以对战况的反应不如火炮。自行榴弹炮自身携带的弹药就够使用一阵子的了，而且有装甲有防空机枪，可以比火箭炮部署的更靠前，更灵活地应对战场变化。

大口径榴弹炮更适应多样化作战。美国在测试 M270 火箭炮后发现，一个营的 M270 的火力能顶上 6 个营的 M109A6 型 155 毫米榴弹炮。但是一个火箭炮营是无法替代 6 个榴弹炮营的，因为战场的作战强度不同，一个榴弹炮营能应对的战斗使用一个火箭炮营就会火力过剩，形成浪费。而 6 个榴弹炮营可以同时应对多场战斗，而一个火箭炮营面对同时发生的多场战斗却分身无术。

大口径榴弹炮的作战效费比强于火箭炮。榴弹炮的射程小于火箭炮，但是打击精度是强于火箭炮的，虽然火箭炮使用制导火箭炮弹的打击精度也会相当精准，但是大口径榴弹炮使用制导炮弹的精度还是强于了制导火箭炮弹。而且由于火箭炮弹弹体较大，安装有火箭发动机，有燃料储存室，所以价格也远远大于榴弹炮弹。如果用火箭炮替代大口径榴弹炮，军方的资金压力也是十分巨大的。

不过大口径榴弹炮的射程和覆盖打击密度和打击强度都远远不如火箭炮的。战场的作战任务从来就不是单一的而是多样化的，也不是固定不变的而是瞬息万变的，所以拥有各自特点特色的武器是不能相互取代的而是要充分发挥各自优势的。

苏联 BM-13 132 毫米火箭炮

别告诉我你懂军事(陆战篇)

现代战场上的 BM-21 122 毫米火箭炮

BM-21 火箭炮进行列队行驶

NO.56 火箭炮的战术用途有哪些?

火箭炮是一种威力大、火力猛、机动性好的高性能武器系统。在作战中,需充分考虑任务、敌情、地形、时间等因素以及火箭炮自身的特点,才能使它的威力得以充分发挥。火箭炮主要担负远距离和纵深作战任务。

远距离作战火箭炮覆盖面积大,可以打多个瞄准点,最适宜攻击面积大、定位不太精确的目标,但不能用来攻击距离己方部队太近的目标,也不能用于己方部队即将占领或通过的区域。

纵深作战火箭炮可发射战术导弹以支援纵深作战,此时它的大部分射击任务是预先有计划的。在制订火力计划时应考虑现有火箭炮的数量和位置、导弹库存量和位置、目标侦察手段、C4网络状况等因素。一般来说导弹资源有限,要慎重计划。

军属火箭炮营和师属火箭炮连通常担负全般支援任务,也可担负全般支援兼加强任务,还可编组完成加强战术任务。

多管火箭炮分队主要提供预先计划的火力和打击高性能目标。指挥官可以为多管火箭炮分队制订优先射击顺序,以便对特定战斗地域施加影响。

全般支援兼加强任务担负此项任务时,多管火箭炮分队首要为整个被支援部队提供火力支援,其次是加强另一支炮兵分队的火力。它仍由部队炮兵司令部控制,并优先满足其需求。

加强任务担负加强任务时,多管火箭炮分队应加入被加强炮兵营的作战/射击通信网和指挥网,同时仍需保持与部队野战炮兵司令部的通信联络。多管火箭炮营编有联络分排,有助于实施和完成加强任务。多管火箭炮连没有建制的联络能力,可由连长负责。给多管火箭炮分队下达加强任务时,需要特别加以考虑的是弹药消耗量问题。担负加强任务时,弹药消耗量可能会超过分队的补给能力。

火箭炮分队一般不担负直接支援任务,原因是精度不够高,覆盖面大,可能危及己方部队,在其最大射程上,危险区为2千米;弹药保障不易;没有配备直接支援弹药,如照明弹、发烟弹等。并且多管火箭炮不适用于后方作战。多管火箭炮作战强调自主性,可以把战术任务直接下达到连或排一级。连可以脱离营的控制,独立作战,排可在有限时间内单独实施标准或非标准战术方式,即半独立作战。

ASTROS Ⅱ 火箭炮后侧方特写

日军 75 式 130 毫米火箭炮

Part 01　陆战知识理论篇

75 式 130 毫米火箭炮头部特写

印军阅兵式中的 Pinaka 火箭炮编队

NO.57 反坦克火箭炮在现代化战争中的作用有多大？

目前，无论是俄罗斯的BM-30"龙卷风"火箭炮还是美国的M270多管火箭炮发射系统都具有很强的反坦克作战能力。尤其是在面对集群坦克冲锋时，具备一定的地毯式轰炸能力的多管火箭炮往往可以很大程度地遏制坦克集团军群的冲锋。

在现代战争中，制空权的归属往往决定着多管火箭弹发射装置的战力发挥。制空权优势的一方既可以掩护己方多管火箭弹发射装置对敌方阵地发起攻击，还可以主动寻找对方的炮兵阵地进行摧毁，所以说在现代战争中，火箭炮假如想起到反坦克、反步兵和对掩体工事打击的话，制空权是必不可少的。在获得了制空权后，火箭炮才能展现出比近地弹道导弹和榴弹炮更强的毁伤效果。以美国的M270为例，其装备的子母弹可以很轻松地将很大范围内的所有步兵目标全部清空。

而制空权劣势的一方也并不代表火箭炮将失去作用。首先，火箭炮属于可以完全机动发射的武器，通俗地来讲自行火箭炮是可以一边开动一边进行射击的，在这种条件下再搭配一定的伪装，劣势方的火箭炮也可以躲避炮位侦测雷达和空中力量的搜索。甚至在指挥官敢于决策的条件下，自行火箭炮还可以变成突击战车，利用高速和移动射击能力攻击人口相对密集的敌方军营和装甲部队。所以说，在制空权劣势的情况下，只要指挥官合理使用，火箭炮还是可以起到作用的。

BM-30"龙卷风"火箭炮

BM-30"龙卷风"火箭炮后方特写

M270多管火箭炮正在发射炮弹

别告诉我你懂军事（陆战篇）

部署在阿富汗战场上的 M270 多管火箭炮

NO.58　传统火炮具有哪些实用性？

火炮被誉为"战争之神"，在传统战争中，曾扮演重要角色，甚至是赢得一场战争的决定性因素。随着科技的进步，传统火炮也在不断地变革与发展中，如自行火炮、智能弹头等相继出现，所以传统的火炮，在现代战争中仍然有一定的实用性。

一是机动灵活。火炮在战场上具有部署快、打得快、撤离快的优点，从占领阵地、装定射击诸元到发射，快的几分钟就能完成，并且打完也能迅速撤走，不易被反压制，战场机动灵活性好，尤其是自行火炮，能在前进中完成射击动作。

二是火力连续性比较强。火炮集群齐射时，能大面积杀伤敌有生力量，可实现面的覆盖，覆盖范围内基本上可做到寸草不生；如苏联火箭炮"喀秋莎"

是帮助苏联赢得卫国战争胜利的重要因素。

三是价格相对便宜,便于大量装备和使用。对战争经费有限的国家来说,火炮价廉物美,在拼消耗方面具有优势。

四是结构简单,便于生产、维护、保养。火炮技术含量相对来说没有那么高,易于生产,战场战损后能迅速大量地制造,能迅速恢复战斗力,在战场上的维护保养比较简单,擦拭、分解结合也容易,这点对战场简陋的保障环境来说尤为重要。火炮平时的维护费用也较低,放在仓库内,只需要定期简单保养即可,能节省大量的军费。

五是不受电磁环境的干扰。现代化战争是海陆空天电的全维度战争,战场电磁环境非常复杂恶劣,电磁干扰、屏蔽、致盲等有可能使智能化程度较高的武器受到干扰,导致长处反而成了短处。而火炮智能化程度不高,受电磁环境影响反而不大,短处反而变成了长处,能一如既往地发挥稳定而持续的作用。此外,火炮受地形天气的影响也比较小。

但火炮也存在着局限性,如射程不够远(和导弹相比),通常射程只有几万米到几十万米;精确度不高,对点目标的打击,需要通过面的压制来达到目的,而导弹误差只有几米到零点几米;需要抵近前线作战,易带来人员的大量伤亡等。

尽管如此,在可预见的未来,火炮仍然会存在于战场上相当长一段时间,其作用仍旧无可替代。

美国 M1 75 毫米榴弹炮

美国 M198 155 毫米榴弹炮

在阿以战争中使用的 M107 自行火炮

美国 M109 155 毫米自行火炮

NO.59　牵引式火炮会被淘汰吗？

牵引火炮出现于一战时期。其特点在于结构简单，造价低，易于操作和维修，可靠性好，有些国家在发展自行火炮的同时，仍非常重视牵引火炮的发展。

牵引火炮均有运动体和牵引装置，有的还带有前车。运动体包括车轮、缓冲器和制动器，车轮采用海绵胎或充气胎。有的牵引火炮在炮架上装有辅助推进装置，用以在火炮解脱牵引后驱动火炮进出阵地和短距离机动，或在通过难行地段时驱动火炮车轮与牵引车一起运动。有些长身管的牵引火炮，炮身可回拉或调转 180 度，以缩短火炮成行军状态时的长度。

牵引式火炮至今还没有淘汰的原因有以下几点：其一是因为它结构较为简单，粗粗分解它的话不过是炮管炮架护盾与瞄准具，便于大规模制造填补战场空白。第二点则是牵引式火炮具有自行火炮所不具备的可部署性。随着直升机的发展，火炮可以由重型直升机吊运到任何一个可以安放火炮的地方，只要有直升机在，任何地方都是火炮阵地。而自行火炮虽然多是履带式车辆，但到达作战阵地仍需要"走路"。所以遇到较为复杂的地形，自行火炮无法发挥它的功能，只得望"山"兴叹。第三则是牵引式火炮对后勤的要求较低。

因为火炮的牵引车不需要复杂的保养，而牵引式火炮本身的易损耗件也只不过是炮管与瞄具而已。而自行火炮所需要的不仅是炮弹与油料，还需要维修队在战斗间歇为其检查"身体"，避免在战斗中掉链子。

美国 M198 155 毫米榴弹炮

保存至今的美国 M1 75 毫米榴弹炮

Part 01　陆战知识理论篇

士兵正在使用 M2 榴弹炮

加拿大军队装备的 M2 榴弹炮

NO.60 火炮缓冲装置怎么卸掉巨大的后坐力？

从世界上第一座依靠火药发射的火炮诞生之日起，如何卸掉发射炮弹后巨大的后坐力就成为困扰一代又一代火炮设计师们的难题。总体上看，火炮反后座装置大致经历了三个阶段：无、架退和管退。

最早的火炮是没有专门的反坐力装置的，炮管是直接被固定在炮架上的，因此射击后整个火炮会在巨大的后坐力的影响下向后退甚至跳起。这也是早期火炮都在火炮两侧安装了巨大的轮子的原因，除了要

保存在博物馆中的法国M1897式75毫米野炮

用马拉着火炮进行机动外，轮子还方便炮兵快速地将火炮推回原来的发射阵地，进行下一次发射。当然了，这种需要推回去的发射方式就导致了火炮的射速快不到哪里去。

随着战争形态的升级，人们对火炮射速的要求有所提高，安装了第一代反后坐力装置的架退式火炮诞生了。架退复进装置的出现使这种类型的火炮在发射后不会移动位置，而是改为炮架向后移动。开炮后整个炮架会在轨道上后退来吸收后坐力，轨道末端有两个类似大弹簧一样的东西把炮接住，再开炮之前还要把炮推回原来的位置。

然而，架退炮虽然射速有所提

M1897式野炮的膛线

高，但最多只能达到 2～3 发/分的水平，沉重的炮架决定了这种反后坐力方式并没有太多的改进空间。因此，在 1897 年，有着"施耐德小姐"昵称的法国 M1897 式 75 毫米野炮诞生了。这种火炮采用了革命性的管退式设计，这种反后坐装置的核心在驻退机和复进机，前者负责在炮身后坐和复进的动作中消耗能量缓冲，后者则负责提供复进的能量，把炮身再送回去。这种反后坐方式被今天的所有大口径火炮所沿用。

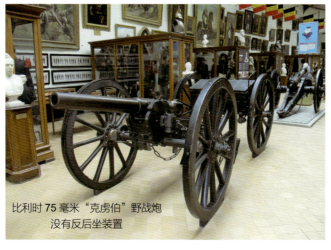

比利时 75 毫米"克虏伯"野战炮 没有反后坐装置

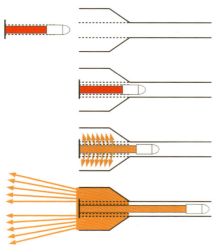

现代无后坐力炮的运作方式

NO.61 榴弹炮等曲射武器怎样瞄准移动的目标？

火炮射击的主要目的，是摧毁敌方目标、消灭敌人。为此，必须使弹丸准确地与目标相遇，使弹丸的平均弹道通过目标。操纵火炮使炮膛轴线在发射瞬间占据某一特定空间位置，以使弹丸的平均弹道通过目标的过程，总称火炮的瞄准。

由于目标性质和射击条件不同，瞄准方法一般可以划分为两大类：直接瞄准意即对目标直接进行瞄准，主要用于射击距离较近、能被直接看清的固定目标或活动目标，如坦克、装甲车、舰艇、近距离碉堡等。

间接瞄准是借助于特别选定或设置的瞄准点作为辅助目标来进行瞄准，即瞄准手只要看到瞄准点即可，无须看到目标。这种方法主要用于射击距离较远或隐蔽、不能被直接看清的目标，或当火炮处于隐蔽阵地时采用。此法一般不适用于射击活动目标。

在陆军的历史中，也许没有一种发展能像火炮发射制导炮弹那样，使野战炮的使用概念革命化。它是一种引人注目的新武器，能大大地提高部队的战斗能力。大炮发射制导炮弹研制计划的主要根据是，在当初华约部队机动装甲部队方面大大优越于北约的情况下，移动的装甲目标是主要敌人，通常要直接打击才能使之毁坏或不能移动。针对这一背景，决定必须研制一种新的武器系统。

在火炮前方观测员适当预测之后，整流罩上装有激光寻的器的"灵巧"炮弹，可用155毫米榴弹炮群向规定目标大体的方向射出。地面或机载激光指示器，由指

士兵正在硫磺岛发射M101榴弹炮

示器小组在炮弹弹道的末段期间开动，并对准目标。炮弹接收激光光点散射信号。航向校正是以收到的激光信号控制发射后张开的操纵面，改变炮弹的

弹道，确保对目标的轰击航路。

士兵正在使用 M777 榴弹炮

美国 M115 榴弹炮

德国 sFH 18 榴弹炮

NO.62 半履带式战车是否已经被淘汰？

早期的全履带式车辆性能不佳，在转向系统、载重能力等方面并不好，操作起来也十分迟缓，不如轮式车辆灵活，而且其结构过于复杂，制造成本高昂，但是通过能力强，尤其是在一些恶劣地形上，要比轮式车辆好得多。而且履带式车辆由于载重能力强，因此被用于坦克的设计。而轮式车辆，虽然技术上成熟可靠，但是其越野性能太差，远不如履带式车辆越野能力强，因为军队主要是在野战条件下作战，当时的轮式车辆行走系统抗损性能不是很好，很难有保障。在这样的形势下，二战时期成为使用半履带车辆的高峰时期，德国与美国都曾经生产过数量众多的半履带车辆，用它们来执行运输或者是作战任务。这些车辆的共同点是，前方采用车轮，后方则采用履带。

美国从 1932 年至 1940 年，先后制造出 T-1、T-8、T-14 半履带式装甲车，后来，T-14 被定型为 M2 半履带式汽车，主要作为侦察车和牵引车使用，T-8 被定型为 M3 半履带式装甲输送车。这些车在"二战"中曾被广泛应用，后又有 10 多个国家和地区装备了美制的半履带式装甲车辆。"二战"期间，美国的 M3 半履带车与德国 Sd.Kfz251 半履带车是最著名的代表。这些车辆拥有防御小口径武器与弹药破片的侧面装甲，但是欠缺顶部的保护。车体上以携带机枪最为常见。

但是实际上，半履带车辆在实际使用中，表现并没有设计者预期的那样完美。战后随着技术进步，半履带车的缺陷逐渐暴露出来，虽然其设计有两种车辆的优点，但也同时继承了两种设计的缺陷，在公路上的行驶速度不如轮式车辆，而越野能力虽然优秀，但是远不如坦克等。此外，结构也比较复杂，仅仅维修就需要两套不同的工具。

相比于全履带车辆，半履带车辆并没有大幅度降低造价。其机动能力，也没有大幅度优于履带式车辆。另外，由于结构比较复杂，因此这类车辆维护起来比较麻烦。总体而言，半履带车辆，与其说综合履带与轮式车辆的优点，不如说是综合了双方的缺点。

半履带式战车是当时传动技术不成熟的产物，并没有太大的优势，被淘汰是肯定的事。如今伴随轮式装甲车辆技术和履带式装甲技术的突飞猛进，半履带式装甲车辆也就只剩余它昔日的光辉和荣耀了。

美国 M3 半履带车

德国 Sd.Kfz251 半履带车

展览中的 M5 半履带车

M5 半履带车顶部特写

NO.63　现代装甲侦察车能看多远？

在现代化战争中，各国机械化部队同敌方接触并搜集敌方实力及行动情报的任务通常由装甲侦察车完成，这对于高速机动和战术瞬变的战场是极为有利的。轮式装甲侦察车辆由于行驶阻力小、行驶装置效率高、速度快、机动性好、油耗低、行程储备大、工作可靠、寿命长、噪声小、便于隐蔽等优点，深受各国军队的喜爱。

装甲侦察车是用于实施地面侦察的装甲车辆,具有战场观察、目标搜索、识别、定位、处理和传输能力,有轮式和履带式装甲侦察车两种。一般装有大倍率光学潜望镜,电视摄像机、热成像仪、激光测距仪、雷达定位定向设备、信息传输处理设备等。

为便于远距离观察,车上观察设备通常设有旋转和升降装置。大倍率光学潜望镜和电视摄像机主要用于能见度良好的夜间进行侦察,发现距离不小于20千米,识别装甲车辆距离为10~15千米,并具有电视自动跟踪能力。

热像仪主要用于夜间侦察,夜间识别装甲车辆的距离不小于3千米。激光测距仪最大测量距离不小于20千米,误差一般在5米左右。雷达可全天候进行侦察,具有多目标自动跟踪能力,对装甲车辆的探测距离不小于25千米,对单兵最大探测距离不小于10千米。定位定向设备通常由全球卫星定位装置和惯性定位定向装置组成,用于实现装甲侦察车自动寻北,定位导航。

在当今的高科技世界,装甲侦察车是与指挥、控制、通信和计算机(C4)网络连接在一起的整个侦察、监视和目标捕获(RSTA)组件的一个组成部分。RSTA组件中还包括:卫星等各种空中传感器平台、各种固定翼和旋翼飞机及无人机(UAV)。由于信息需要很长时间才能传给用户,老式无人机的使用受到限制。包括雷达在内的各种地面传感器可提供关于敌军转移的信息,或为火炮和火箭系统定位打击目标。未来侦察系统正逐渐演变为传感器平台,该平台与前几代平台最显著的区别是:传感器、通信和导航设备远比平台本身昂贵。

德国"山猫"装甲侦察车

美国 M3 装甲侦察车

法国 AMX-10RC 装甲侦察车

阿富汗战场上的 AMX-10RC 装甲侦察车

NO.64　阅兵时，怎么避免履带式战车压坏地面？

为了强化重达数十吨战车的通行能力，一般来说坦克或者重型步兵战车都会采用履带式行走装置。现代履带式战车普遍配备的是金属履带，金属履带的履带板在与地面接触的一面铸有花纹，主要是为了提高履带与地面之间的附着性能。金属履带的结构比较简单，成本也低，非常适合野外环境下的通行。但是如果在公路上行驶时则会严重地破坏路面。履带式战车往往都重达几十吨，尤其是现代的主战坦克甚至重达五六十吨，即使再好的路面也经不住碾压。因此为了避免履带损坏地面，常采用以下常见的几种方法。

（1）提前对阅兵必经的通道进行维修处理。在阅兵之前，工作人员对阅兵通道进行检查和维修，对于发现的任何裂缝、断层、接缝撕裂等处进行修补加固，以避免重型装备在通过时造成更大的毁坏。

（2）重装车辆，尤其是履带式装甲车辆从演习场或之前的训练场进入城市参加阅兵都有专属的运输车辆。这种和履带式装甲坦克车辆隶属于同一个编制体系内的重型运输车，会将履带式装甲车、坦克在阅兵前运送到指定区域待命。

（3）在履带的受力面加装橡胶。加装橡胶材料有着极高的要求。在实际应用上就是采取粘贴黏合的方式将特殊材质的橡胶安装在履带受力的一面，因此也被称为"挂胶履带"。一般大量装备坦克的国家，出于成本考虑不会为坦克全部配备"挂胶履带"，而以金属履带为主。坦克战车使用的"挂胶履带"还有一个优势就是，在公路上行进的时候对地面的破坏很小。因此一般重型履带式战车在进入城市参加阅兵时，都会采用"挂胶履带"。

过重的坦克时常会损坏地面

俄罗斯坦克参与阅兵

使用"挂胶履带"的坦克进行游行

NO.65 怎么区分步兵战车与装甲输送车？

步兵战车是供步兵机动作战用的装甲战斗车辆，在火力、防护力和机动性等方面都优于装甲人员输送车，并且车上设有射击孔，步兵能乘车射击。步兵战车主要用于协同坦克作战，其任务是快速机动步兵分队，消灭敌方轻型装甲车辆、步兵反坦克火力点、有生力量和低空飞行目标。装有反坦克导弹的步兵战车，还具有与敌坦克作战的能力。

步兵战车按结构分，有履带式和轮式两种，除底盘不同外，总体布置和其他结构基本相同。履带式步兵战车越野性能好，生存能力较强，是现装备的主要车型。轮式步兵战车造价低，耗油少，使用维修简便，公路上行驶速度高，有的国家已少量装备部队。

而装甲输送车是陆战战场上用来运送步兵、武器弹药的战斗车辆，是一种设有乘载室的轻型装甲车辆。它可以使陆军部队快速推进，主要用于战场上输送步兵，也可输送物资器材。

这两者的差距是用途不同。步兵战车在设计的时候，主要是配合装甲作战部队推进，强调战车的作战能力，对战车的火力、机动力、防护力要求非常高。而装甲输送车，由于强调的是对人员的输送能力，并且在战时，装甲输送车主要用于承担二线支援任务，所以，该车的一些指标相对于步战车来说较少。

由于用途不同，导致在设计车辆的时候，他们的车内空间也就不一样。步兵战车由于强调在一线作战，所以考虑到车辆的防护性能和战斗性能，而装甲输送车，由于只是在二线担任运输以及其他任务，所以多数车乘载室的布置不便于步兵乘车战斗。

除此之外，步兵战车在火力与防护性上也优于装甲输送车。如美国的M2步兵战车和M113装甲输送车，M2步兵战车要求在正面能抵挡25毫米的机枪射击，而M113装甲输送车正面防护能力只能抵挡12.7毫米的子弹。另外，M2步兵战车装备1门M242"大毒蛇"25毫米链式机关炮，1挺7.62毫米"M240C"式并列机枪和1挺7.62毫米"M240C"式并列机枪。而M113装甲输送车只装备1挺12.7毫米的M2H机枪和几挺7.62毫米机枪。

装甲输送车造价较低，变型性能较好，但火力较弱，防护力较差，多数车乘载室的布置不便于步兵乘车战斗。步兵战车出现后，有的国家认为步兵战车将取代传统的装甲输送车。而多数国家认为两种车的主要用途不同,应同时发展。

法国VBCL轮式步兵战车

美国M2"布雷德利"步兵战车前侧方特写

美国M113装甲输送车

Part 01 陆战知识理论篇

伊拉克战场上在 M113 装甲输送车上休息的士兵

NO.66 步兵战车两侧的射击孔有什么意义？

步兵战车是 20 世纪 50 年代逐渐发展起来的，其主要目的是为步兵提供一种具有良好机动性及必要火力的装甲车辆，以便更好地配合坦克进行机械化作战。

步兵战车炮塔虽然可进行 360 度旋转，但在战斗中，其绝大部分时间都是面向前方，特别是向正面阵地进行冲击时，这样就会在冲击过程中形成薄弱的侧翼。而很多步兵便携式反装甲武器，比如反坦克火箭筒之类的，由于在射程上逊于装甲车辆，在正面很难有开火的机会。迂回至侧翼对装甲车辆进行攻击，恰恰是这种武器主要的运用方式。如果从这个角度看，设置射击孔似乎就很有必要了，因为机、步枪的扫射虽不精确，却能利用射程和射速优势，对便携式反装甲武器进行压制，掩护步兵战车通过其火力歼击区。当然，如果是立足于防御，射击孔的意义显然就不大了，相反，提高整体防御力，确保在敌方的火力打击下的生存力，才是更重要的追求。

在冷战期间，苏军强调大纵深进攻，步兵战车要伴随坦克对敌人阵地进行冲击，于是为步兵战车设置射击孔就显得很有必要了，而美军呢，立足于防守，以抗击敌方的装甲洪流。在这种情况下，步兵战车两侧一般都是友军，设置射击孔自然意义不大，因此我们可以发现，M2 步兵战车在基本型上还设有射击孔，到了改进型就直接取消了。

步兵战车的首要目的是来运兵的,单车运兵数量以班为运兵单位,在一线作战中要和坦克混合作战,由班长指挥士兵下车进入战场,所以班长要通过射击孔观察四周情况,控制正确的下车地点。战场上多兵种配合作战,士兵是最脆弱的防御体,但是又是主要的突击力量,所以投入战场的时机非常重要。同时射击孔可以用来射击,特别是在城市突击战中,敌人的掩体是建筑物,而突击士兵的掩体只有装甲车。

步兵战车上的射击孔

步兵战车内部特写

步兵战车后方特写

士兵正在介绍步兵战车内部构造

NO.67 两栖装甲车主要采用的技术是什么？

两栖装甲车辆是不用舟桥、渡船等辅助设备便能自行通过江河湖海等水障，并在水上进行航行和射击的履带式装甲战斗车辆。其能实现水陆两用内能采用的技术主要有以下几点。

喷水推进器

喷水推进是一种特殊的船舶推进方式，与螺旋桨不同，它不是利用推进器直接产生推力，而是利用推进泵喷出水流的反作用力推动船舶前进。喷水推进具有推进效率高（50%～63%）、抗空泡能力强、操纵性优异、工作平稳、运行噪声低、传动机构简单、保护性能好、适应变化情况能力强、浅水工作能力强和附体阻力小等优点。

对于两栖军用车辆，由于轮履划水效率低，航速难以适应现代战争的需要，而采用螺旋桨推进在浅吃水时易产生浅水效应，且螺旋桨暴露在外易受损伤。因而喷水推进器是两栖军用车辆的首选推进方式。

滑水型车身

对于两栖军车而言，V形车体一定程度上减小了车底距地高度，影响车辆的越野通过性。因此美国的AAAV履带式装甲车采用了平底形滑水车体加辅助滑水板的模式。但是放收辅助滑水板的操控机构较复杂，而且车辆在水中的阻力也较大。轮式两栖军车一般没有装甲焊接车体，无须厚重平坦的车底甲板，因而可以采用复杂一些的车底形状以减小水中阻力，材料为玻璃钢。

英国吉布斯公司开发的两栖车辆的车底形状类似于单体滑行艇与双体滑行艇的结合，这样既大大降低了车辆在水中的阻力，更容易进入滑水航行状态，又增加了车辆在水中的操纵稳定性，同时还保证了较大的最小离地间隙。

车轮收放驱动

浸在水中的车轮及悬架装置会产生巨大的水上行驶阻力。欲获得高航速，收起车轮并使之高于水面是高航速两栖军车必须做到的动作。

悬架设计的平衡位置为下横臂跳动角在-10度位置，而陆上行驶时，悬架正常跳动范围为下横臂跳动角在-26度～10度范围；在水上行驶时，下横

别告诉我你懂军事（陆战篇）

臂跳动角被提升至70度位置，车轮发生翻转，车轮外倾角达到65度，车轮前束角达到-36度（后束状态），车轮被完全提离水面。

为了实现悬架在陆上行驶时的正常功能，并在水上行驶时完成车轮的收放，可以采用油气悬架结构。油气悬架中的油气元件具有良好的弹性阻尼特性，可以很好地实现陆上行驶时的缓冲减振功能，并可以作为水上行驶时收放车轮的工作油缸。

车轮收放控制系统主要包括4根带隔膜式蓄能器（气体弹簧）的双向作用液压油缸、液压动力单元和4个三位四通电磁阀和相应的油路。

两栖装甲车从水上登陆

Part 01　陆战知识理论篇

两栖装甲车在地面快速行驶

美国 AAAV 两栖突击车

NO.68 大口径身管火炮的发展趋势是什么？

随着现代榴弹炮的身管不断加长，西方许多国家已将榴弹炮、加农炮和加榴炮统称为身管火炮，因而野战炮也被称为身管火炮。身管火炮作为陆战战场的主炮，在二战以后一直是各国火炮发展的重点。1991年海湾战争中，双方使用的身管火炮占陆军压制火炮的90%以上。

海湾战争证明了大口径、远射程（3万米以上）的榴弹炮和加榴炮是保持地面火力优势的必要手段；自行火炮机动灵活，适于随时支援装甲与机械化部队作战；牵引火炮质量较轻，可用直升机空运作为空降师、空中突击师的主要装备；身管火炮配以多样化的弹药、引信，能够打击战场上不同类型的目标；身管火炮与精确制导弹药相结合，是打击远距离点目标的有效武器。所有这些也正是二战以后，特别是当前各国主战火炮的发展方向。

未来的野战火炮，其火力将进一步增强，快速反应能力、机动性和防护能力将获得较大提高。具体而言，增强火力主要通过采用新型弹种，包括增程弹、子母弹、制导炮弹等来实现；提高快速反应能力主要通过增配自动化火控系统、GPS系统等来实现；而提高机动性和防护能力则主要通过轻型化、自行化和装甲化来实现。现代野战炮已发展成为一种包括火力系统、火控系统、运行系统和装甲防护系统四合一的"自主式"综合武器系统。其未来发展趋势是向着自动化和智能化方向发展。在不久的将来，战场上将会出现机器人操纵的智能型野战炮。

大口径火炮未来的发展趋势之一就是更加重视机动性，这在现代战争中有很大的价值。其发展方向也将会向轻量化和自行化发展。重点突出轻量化，可以借助直升机、运输机等多种平台进行机动，可以伴随部队在远距离机动后执行打击任务，灵活性较好。

而另一个方向就是自行化，像如今的

M107 155毫米自行加农炮

自行榴弹炮，卡车炮等都是向这个方向发展，借助更强的自行底盘来提高机动能力，而且借助于平台的优势，其本身还可以提高防护性能和自动化水平。如今，最新型自行火炮系统就装备有很多先进的弹道计算机等设备，打击精度有了很好的保障。

此外，其在打击火力密度上也会更强，如今的很多榴弹炮开始强调炮弹同时落地性能，即多发炮弹连续发射但是能同时落地爆炸，能够极高地提高火力打击密度。

M109 155 毫米自行榴弹炮

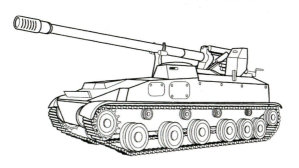

2S5 152 毫米自行加农炮

"恺撒" 155 毫米自行榴弹炮

NO.69 反坦克导弹打出去的时候后面拖着一根线有什么用？

反坦克导弹后面拖着的这根线是有线制导导弹的指令线，导弹打出去以后，通过这根线将控制指令传输给导弹，使导弹准确飞向目标。

有线制导系统主要由制导控制装置、光学瞄准镜、操作手柄和控制导线组成。导弹发射后，操作手通过瞄准镜瞄准目标，同时跟踪导弹，判断导弹的飞行偏差，然后控制操作手柄修正偏差，引导导弹飞向目标，操作手柄发出的指令是通过与导弹尾部连接的信号线进行传输，所以导弹在飞行过程中，一直拖着一根线。

以半自动跟踪为例，射手操作台上装有光学跟踪装置，包括目标跟踪仪和红外测角仪，二者同步转动。导弹发射后，射手根据目标的运动情况，转动操作台，使目标跟踪仪始终对准目标，红外测角仪会自动连续测量出导弹偏离中心线的偏离角，并把这个角度发送给解算装置，形成控制指令，通过导线传输给导弹，控制导弹飞行。

这种制导方式的优点是抗干扰能力强，弹体控制设备简单，导弹成本较低，但是由于有导线的存在，导弹飞行速度和射程受到较大影响。

第一代导弹的有线制导系统使用时，需要射手同时观察目标位置与导弹的飞行位置来判断偏差，非常不方便。到第二代时，不仅金属信号线换成了更轻的光纤导线，控制系统还增加了红外测角仪，能够自动追踪导弹并计算出导弹飞行方向与瞄准线的偏角，因而射手不用再分心观察导弹的飞行状况，只需把瞄准系统上的十字线压在目标上，就能引导导弹飞向目标。

随着技术的发展，部分第三代和第四代反坦克导弹采用了激光制导和红外制导技术，可使用激光束进行引导或是自动寻的，导弹也不再需要控制导线。

现在一些新型反坦克导弹还采用了光纤双向传输方式，射手可以在隐蔽位置发射导弹，然后根据导弹传回的画面来选择目标，这样就大大增加了导

苏联 AT-3 反坦克导弹及控制箱和操纵手柄

弹的灵活性和射手的生存能力。

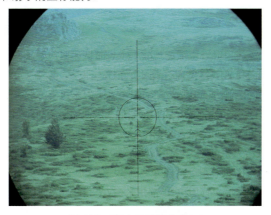

"米兰"反坦克导弹的瞄准画面

第三代反坦克导弹——MBT LAW反坦克导弹

采用激光制导的9K121"旋风"反坦克导弹

NO.70 反坦克导弹发射技术按照发射结构怎么分类？

反坦克导弹发射技术是按一定发射方式将反坦克导弹发射出去的技术，是反坦克导弹总体技术的组成部分，其技术性能的优劣对提高反坦克导弹的性能和战术使用具有重要作用。

按发射装置的结构形式可分为四种类型。

（1）定向器发射技术

发射架不赋予导弹起飞动力，发射架定向器仅用于支撑和固定导弹，也可在瞄准机构的带动下使导弹跟踪目标，引导导弹沿预定方向飞行，导弹依靠自身发动机的推力离开发射架，使导弹在离开定向器导轨时具有一定的滑离速度和方向，以保证导弹迅速而准确地起飞。定向器发射技术是应用最早的一种发射技术，早期的反坦克导弹大都采用这种技术。优点是发射装置结构简单，但发射装置与瞄准制导装置分离，导致发射阵地面积过大，最小攻击距离过远。

（2）管式发射技术

即将发射管作为发射导弹的定向器，同时也兼作携带、运输时的包装箱，一次使用后即废弃。

（3）高低压发射技术

又称无后坐发射技术，是20世纪50年代末期开始出现的发射技术。高低压发射装置的发射筒膛内药室结构，分为高压室与低压室两个腔，火药在高压室中燃烧，燃气由高压室壁上小孔流入低压室。由于发射管与低压室相通，因此导弹在低压室压力推动下前进，发射筒既可赋予导弹初始方向，又可以给导弹一个初始助推力。优点是导弹在发动机点火前可获得一定初速，燃气流对导弹飞行的影响小；导弹装在发射筒内，能改善贮存条件，发射设备可灵

BGM-71"陶"式导弹从发射车上发射

活使用；可节省弹上推进剂，减轻弹体质量。但发射装置比较复杂。

（4）火炮发射技术

将导弹装入炮膛，利用炮膛内的高压燃气发射。这种发射方式具有发射时初速较大，发射初始精度和命中率较高，攻击力强等优点，但需妥善解决导弹承受较大过载的问题。

发射中的FGM-148"标枪"导弹

士兵在隐蔽地点使用反坦克导弹

澳大利亚士兵携带FGM-148"标枪"导弹到射击地点

NO.71 反坦克导弹根据局限性可做的改进有哪些？

反坦克导弹是用于击毁坦克和其他装甲目标的导弹，它和反坦克火炮比较相近，它的特点是具有射程远、精度高、威力大、质量轻等特点。1955年由法国率先投入使用，继而其他国家也争先恐后地开始研发。

但只要是武器都有其局限性，反坦克导弹也不例外。反坦克导弹机动能力有限，很容易被各个击破。而步兵肩扛式反坦克导弹更是容易成为被攻击的目标。为了改善反坦克导弹的局限性，提高对装甲目标的杀伤力，确保发射平台的生存力，反坦克导弹可以做的改进包括以下几点。

（1）增大射程

第一代反坦克导弹的射程基本上在4000米左右，在地面防空武器不断扩大防御范围的条件下，这种射程会带来巨大风险。

（2）提高飞行速度

提高飞行速度可以缩短暴露在敌方反击火力中的时间，同时确保能及时击中目标。

（3）增强破坏能力

早期的反坦克导弹大多采用单一战斗部，为了摧毁带有反爆装甲的复合装甲，采用双级或多级串联聚能装药战斗部将成为今后反坦克导弹的重要发展方向。

（4）具备昼夜全天候打击能力

红外成像制导和毫米波还能克服激光制导在雨、雪、雾等恶劣天气下或硝烟弥漫的战场上难以准确捕获目标的弊端，为反坦克导弹提供昼/夜全天候打击能力。例如，可广泛采用激光、红外成像、毫米波、光纤以及双/多模制导，如红外/毫米波、激光/红外成像、双色红外等，从而

德国军队的"射后不理"型导弹

使反坦克导弹制导技术趋于多样化,其抗干扰能力、在恶劣气候条件下及夜间作战中的命中精度进一步增加,并使导弹具有发射后不管能力,提高射手的战场生存能力。

通过车载方式发射的反坦克导弹

发射中的9K115"混血儿"反坦克导弹

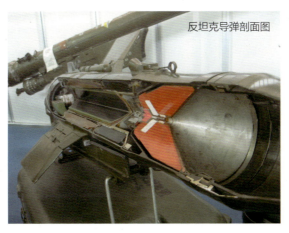
反坦克导弹剖面图

NO.72 反坦克导弹如何提高对目标的毁伤能力？

现代化反坦克导弹具有轻便灵活、操作简单、命中率高、威力强大等特点，在现代高技术局部战争中具有重要作用。特别是在缺少地面炮火或者空中火力支援，或者需要迅速压制敌方坦克火力时，各种反坦克导弹成为必备的首选利器。

随着作战环境和使用需求的发展，现代化的反坦克导弹已经由初期的直瞄射击方式，以攻击主战坦克为基本目标的武器，发展成为可以对付各种坦克、装甲车辆、碉堡、坚固工事、低速低空飞行的直升机、小型舰艇等地面、低空、水面多种目标的精确打击型多用途武器。从对目标的毁伤方式上来看，也从单一的平飞攻击、三点引导，扩展为平飞、掠飞、巡航、俯冲、曲射等多种飞行弹道和攻击方式，攻击部位也从单纯的正面攻击和侧面攻击，发展成为包括顶部攻击和后部攻击的多种攻击方式。其战斗部也从单一的轴向装药破甲型发展为串联破甲、自锻破片、斜置装药、下置装药、破甲加随进纵火、破甲加破片杀伤、云爆等多种类型，引信由机电或者压电触发型扩展为激光、无线电等复合近炸型。

附有日间追踪器和两脚架的 M47"龙"式反坦克导弹

从目前的实际应用来看，通过末段弹体姿态控制，实现反坦克导弹三点法或者准三点法攻击主战坦克顶部装甲，是提高反坦克导弹对坦克目标毁伤能力的有效途径。其最大的技术特点就是反坦克导弹以高于坦克目标瞄准线 2 米左右的掠飞弹道进行飞行，临近目标时以径向安装的脉冲发动机控制弹体折转，实现反坦克导弹的击顶能力，可以避开现代化主战坦克较为坚固的首部装甲，直

日本 79 式反坦克导弹的瞄准装置

接打击其较为薄弱的炮塔顶装甲,增强破甲杀伤效果。此外,反坦克导弹射手在面对碉堡或者坚固工事等目标时,也可以灵活改变反坦克导弹的飞行弹道,选择平飞攻击方式,直接进行直瞄射击。

法国士兵使用"米兰"反坦克导弹对目标进行瞄准

苏联研制的有线制导导弹

NO.73 反坦克导弹技术主要包括哪些内容？

反坦克导弹技术是直接用于反坦克导弹装备及其研制、使用、维修等技术的总称。与电子、计算机、信息处理、仿真和自动控制等技术密切相关，涉及武器装备检测、维修、防护等技术。主要包括反坦克导弹装备论证技术、反坦克导弹总体技术、反坦克导弹发射技术、反坦克导弹制导技术、目标跟踪探测技术以及加工制造技术、试验技术等。

反坦克导弹装备论证技术即通过作战需求分析、武器系统体系发展需求分析、作战使用研究、相关技术现状分析、武器系统总体概念研究、武器系统作战效能评估、效费比评估、经济性分析等，进行反坦克导弹武器系统研制论证的技术。对研制反坦克导弹武器系统的必要性、可行性、先进性和经济性等进行论证，为研制立项提供科学依据。

反坦克导弹总体技术是应用火箭技术、制导技术、自动控制技术、计算机和仿真技术、引战配合技术等，根据战术技术指标要求，结合技术发展现状，对导弹总体方案及制导系统、动力系统、战斗部和发射装置等进行综合设计的技术。

反坦克导弹发射技术是按一定发射方式将反坦克导弹发射出去的技术。反坦克导弹具有多种发射方式，如地面架式发射、肩扛发射、车载发射、机载发射、火炮发射等，这些发射方式都有其相应的发射技术和操作技能。有些反坦克导弹采用了一体化箱弹设计，集贮存、保养、维护检测和发射于一体，可靠性好，维护使用简便。采用多联装的车载发射装置，将导弹的发射平台和制导设备安装在自行式车辆或直升机上，可提高武器系统的火力强度与机动能力。

反坦克导弹特写

反坦克导弹制导技术是控制和引导反坦克导弹按照一定的导引规律确定的弹道飞向目标的技术。反坦克导弹目标跟踪探测技术是反坦克导弹武器系统中对目标和导弹进行探测、定位和跟踪的技术。主要采用光学、光电等探测跟踪设备获取目标和导弹信息。

反坦克导弹通过车载发射装置发射

展览中的反坦克导弹

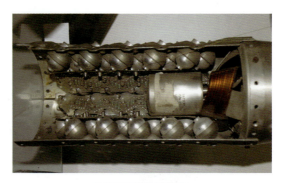

反坦克导弹局部特写

NO.74 激光制导炮弹命中率高的原因是什么？

一般而言，火炮射程越远，其弹丸落点的散布越大，导致的直接结果就是打击精度的降低。自20世纪70年代以来，为提高远射程火炮武器的命中精度，改善传统火炮弹药技术的不足，美国陆军率先提出研制命中概率不低于50%或者CEP误差不超过10米的精确制导弹药，制导炮弹也就应运而生了。

制导炮弹借助传统的常规火炮发射平台，虽然在使用和维护上和常规火炮弹药的区别不大，但是可以凭借其安装在弹丸上的精确制导和飞行控制组件实现可控的弹道飞行，并且能精确地命中目标（制导炮弹将常规火炮弹丸和导弹的优点集于一身，使用和发射简便，又具有较高的首发命中率，可以打击各种静止和运动目标，性价比较高）。

因此，制导炮弹赋予了传统的常规火炮发射平台具有"发射后不管"和"打了就跑"的特点，实现了炮兵火力的现代化，符合了现代信息化战争对炮兵部队的要求，所以得到了主要军事强国的重视和发展。

其中，激光半主动制导炮弹就已经广泛地应用于加榴炮、迫击炮等传统的常规火炮发射平台，是现代化陆军所使用的精确制导弹药中比较成熟的一种，主要用于打击敌指挥所、通信中心、重兵集结地等，也可以打击运动中的装甲目标，较有代表性的就是美国陆军的"铜斑蛇"激光制导炮弹和俄罗斯陆军的"红土地"激光制导炮弹。

从目前来看，半主动激光制导炮弹主要采用发射后锁定的比例导引律（当半主动激光制导炮弹飞行到距离目标 2～3 千米的距离，激光目标指示器开始照射目标，炮弹头锥部抛整流罩，折叠方向舵展开，实现对目标反射的激光光斑信号的捕获，控制炮弹以比例导引律飞行，直至命中目标），为了保证半主动激光制导炮弹精确进入自控制导段，制导炮弹在射击时需要装订的射击诸元，除了表尺和方向之外还要决定辅助诸元（程装、延时等），这样才能在弹丸的飞行过程中及时准确地根据时钟控制程序，确定弹载电池的触发脉冲、惯导陀螺工作、鼻锥部整流罩抛落、方向舵展开等弹上动作的时刻和程序；控制激光照射器的照射时刻，以确保半主动激光制导炮弹抛落鼻锥部整流罩，打开光学窗口之后就能立即捕获目标反射的激光光斑信号，得以进行制导。

"宝石路"激光制导炸弹

"宝石路"激光制导炸弹前侧方特写

装备美军的"宝石路"炸弹

AS30L 激光制导炸弹 3D 模拟图

NO.75 武装直升机打坦克的优势是什么？

武装直升机没有出现之前，"陆战之王"——坦克统治了陆地战场，很多传统的大陆国家，其军队都生产装备了大量的坦克、装甲车。以往战场上对付这样的钢铁堡垒，除了步兵近距离以反坦克导弹或者平射炮等地面火力发起攻击，没有更好的办法。地面火力能够发挥威力，一般都是短兵相接，很快就决出了胜负，坦克损伤不会很严重，而士兵伤亡通常会很大。

"越战"后期，率先在直升机上装备武器的美军用两架 UH-1B 直升机攻击并摧毁了越军坦克 21 辆、装甲车 61 辆。武装直升机由此一战成名。1982 年黎以战争中，以色列投入武装直升机 42 架，共击毁对方坦克、装甲车 111 辆，自己仅损失直升机 4 架（其中有两架还属自己防空火力误伤）。

海湾战争中，多国部队投入武装直升机只有数百架，结果伊军的 4000 多辆坦克被消灭了 3700 余辆，而多国部队只有一架直升机被击落。

在实战中，武装直升机与坦克的战损比，可以达到 1:12。武装直升机成了反装甲力量的主要战术任务承担者。武装直升机利用其自身的火箭弹和反坦克导弹乃至机炮，实现对敌装甲部队攻势的迟滞乃至击碎。随着火控系统的升级改造，反坦克导弹射距和制导的加强，先进武装直升机甚至具备了超视距打击能力。

现代化的武装直升机自身就配备有地面搜索雷达、红外探测等。可以在几千米甚至 1 万米之外就能发现坦克。而现代坦克主要目标是地面，受重量空间限制并没有装备对空搜索雷达，所以坦克并不具备远距离发现武装直升机的能力。

武装直升机专门为坦克开发了航空机炮、反坦克导弹、火箭等专业反坦克武器。比如"阿帕奇"武装直升机配备有 1 门 30 毫米机炮，可以挂载最多 16 枚"地狱火"反坦克导弹，而"地狱火"反坦克导弹最大射程为 8 千米，破甲能力最高可以达到 1000 毫米，复合装甲也能达到 400 毫米左右，对坦克具备绝对优势。而现代化坦克鲜有配备防空导弹，而且主要对空武器还是以高射机枪为主。机枪射程不过短短 1 千米左右，对现代化武装直升机构不成太大威胁。

除此之外，由于受到重量限制，坦克不能做到全身重装甲防护，只能有侧重地设置装甲。而顶部装甲是目前坦克的一个软肋，坦克炮塔顶部面积远大于正面投影面积，每增加 1 毫米装甲付出的重量代价也多得多，技术上无法做到足够厚，只能退而求其次，能抵挡一部分常见威胁即可。所以空中的武装直升机就可利用这一点直接攻击坦克顶部。

坦克由于技术和作战对象的局限性，并不能有效发现并攻击武装直升机。而武装直升机由于空中的优势，可以反过来有效对抗坦克。

不过现在的坦克已经不会单独执行任务，一般会有防空高炮或者弹炮合一系统跟随作战，可以有效反击敌方武装直升机。

别告诉我你懂军事（陆战篇）

两架"阿帕奇"武装直升机在 M1 主战坦克上方飞行

出现在伊拉克战场上的 AH-1 "眼镜蛇"武装直升机

Part 01　陆战知识理论篇

米-28 武装直升机与 T-90 主战坦克

"虎"式直升机进行编队飞行

NO.76　武装直升机可以用枪击落吗?

　　武装直升机在协同地面部队作战，实施空中打击、对地火力支援、快速准确地投送兵力以及空中侦察等多种作战中均有不可替代的重要作用，是信息化战争中不可缺少的重要武器装备。由于现代电子探测技术和导弹技术的发展对武装直升机的战场生存能力构成了严重的威胁，为了适应日益复杂的现代战场对抗要求，现代化武装直升机的战术、技术要求已不仅仅局限在飞行速度、飞行高度、爬升率、发动机功率等机动性能，还必须具有良好的作战能力和生存能力。因此，现代化武装直升机都非常注重总体／气动／隐身综合设计技术的研究和应用，以求最大限度地提升其战场生存力。

以美军现役的"阿帕奇"武装直升机为例，其重要部位均采用较为严密的装甲防护，如飞行员座舱部位采用了能抗23毫米高爆弹的防弹玻璃；机身下部、飞行员座椅、发动机和油箱等部位均覆盖了6毫米厚度以上的轻质复合材料装甲板；飞行员在执行战斗飞行任务时穿戴防破片背心和防弹飞行头盔及护目镜；主旋翼以及主减速器能够承受12.7毫米穿甲弹的直接命中；重要的液压和电路等均采取冗余设计，以提高可靠性和抗毁能力。

此外，根据总体／气动／隐身综合设计技术的应用，"阿帕奇"系列攻击直升机被分为几何／结构舱段、要害舱段和非要害舱段。

几何／机构舱段，即用于维持"阿帕奇"攻击直升机的几何、气动外形和结构承力的舱段（包括主旋翼、尾梁和尾桨），只有被大量的弹丸或者破片密集命中才能引起毁伤，单个弹丸或者破片即使洞穿，也不能造成毁伤效果。

要害舱段，即维持"阿帕奇"攻击直升机主要功能和飞行能力的关键子系统，如飞行员座舱、发动机舱、传动系统、油箱等，弹丸或者破片必须穿透多层装甲才能命中这些要害舱段。

非要害舱段，主要采用冗余设计，毁伤单个舱段也不足以对"阿帕奇"攻击直升机造成杀伤，必须同时毁伤所有冗余组件及其舱段才能造成有效杀伤。

米-24武装直升机发射热焰弹

Part 01 陆战知识理论篇

"虎"式武装直升机侧方特写

AH-64"阿帕奇"直升机及配备的武器

NO.77 武装直升机有哪些伪装和防护手段？

　　从外形上看，武装直升机通常采用的阶梯式纵列座舱及相对窄长的机身，就是为了降低雷达探测，提供战场生存能力；在颜色上武直较常见的涂装为黑色，但也有不少草绿色、土黄色、灰色等，这也是为了能更好融入作战环境，增强隐蔽性。

在座舱盖、旋翼桨叶的设计上，武装直升机也比较具有特色。其中座舱玻璃较多采用平面设计方式，相较于曲面玻璃可减少约80%的反光；旋翼桨叶则一般都在4片以上，除能提高机动能力外，减少反光也是重要的原因之一。在直升机的尾桨设计上，部分轻型直升机采用的涵道式尾桨，就可降低噪音、提高抗毁伤能力、增加直升机的隐身性。

武直为增强隐身性，在发动机上通常都会安装红外抑制器。例如，AH-64"阿帕奇"武装直升机就在发动机上安装了名为"黑洞"的红外线抑制器。据悉，该装置可通过吸入冷空气降低发动机的红外辐射，经过"黑洞"处理后，发动机排出的气体甚至不会给人造成烫伤。

除以上这些隐蔽的手段外，武直通常都安装有一套综合的防御系统，其中就包括雷达、激光、导弹警告等系统，该系统在发现自身被"锁定"后，可通过雷达干扰、释放干扰箔条、红外诱饵弹等手段保护直升机免于被攻击。

另外，武装直升机目前开始大量使用的毫米波雷达，也可算作是另一种提升生存能力的手段，如AH-64"阿帕奇"使用的AN/APG-78"长弓"毫米波雷达系统，就使其具备了在树木、建筑物等背后观察敌人的能力，可同时侦察128个目标，射程8公里的AGM-114"地狱火"导弹也具备了"发射后不管"的能力。

AH-64"阿帕奇"使用的AN/APG-78"长弓"毫米波雷达系统

经过简单涂装的 OH-1 "忍者" 武装直升机

LCH 武装直升机进行飞行表演

黑色涂装的 "楼陀罗" 武装直升机

NO.78 武装直升机在空中如何躲避导弹的袭击？

从 20 世纪 60 年代开始，便携式单兵防空导弹的出现对武装直升机产生了极大的威胁。此时，各主要军事强国的武装直升机开始配备红外干扰弹，其原理就是通过内装的镁粉、硝化棉和聚四氟乙烯等燃烧剂混合物，产生强红外辐射，诱骗红外制导导弹的导引头偏离目标。

除了干扰弹，军用直升机还可以安装专业的红外干扰机，用以干扰红外制导的导弹。由于红外制导的导弹在发射时基本没有信号外露，所以武装直升机很难及时探测到来袭的导弹，只能在作战空域按照数秒间隔不停地投掷干扰弹。

之后，又发明了红外/紫外导弹逼近告警器，它的最大优势是能够主动对抗地空导弹，以前没有告警器的时候，飞行员感知不到地面的导弹威胁，只能无目的大量抛射红外诱饵弹，由于诱饵弹数量有限，往往在真正进行对抗时，诱饵弹已经所剩无几，有了红外/紫外导弹逼近告警器，就可以等到有导弹逼近警告时再大量发射诱饵弹。

红外/紫外导弹逼近告警系统，英文缩写是 MAW。这种设备是利用光学敏感器，探测外界来袭地空/空空导弹的红外信号以及导弹发动机尾羽形成的紫外信号，对导弹来袭方位角进行测定，并显示在飞行员座舱的显示器上，形成预警信号，由飞行员决定采用机动规避或发射红外诱饵弹的方式进行反导对抗。

红外/紫外导弹逼近告警器是近些年面世的新型机载光电对抗设备，这种装备早在 20 世纪 90 年代在西方战斗机上就得以应用。

战机对抗来袭导弹的另一个方法是使用激光对抗，安装激光对抗干扰机，用于使用激光扫描周围空域，如发现导弹来袭，则变换强激光，干扰来袭的红外光学制导导弹，也可干扰地空武器测距激光器或武器瞄准器。这种设备并非首见，原理与之类似的激光干扰机早已在中国的 99 式坦克上得到应用。

随着现代激光技术的不断发展和成熟，目前已经有多种型号的机载定向红外对抗装备投入使用，从大型军用运输机、加油机到大型民用客机和直升机都已经开始应用。目前，定向红外对抗技术已经从早期的致盲或者欺骗红外导引头发展到能够对红外导引头造成物理损伤，从而使导弹对抗能力得到进一步提升。

Part 01 陆战知识理论篇

AH-64 "阿帕奇" 在水上飞行

卡-50 "黑鲨" 武装直升机进行编队飞行

战斗中的卡-52"短吻鳄"武装直升机

CSH-2"石茶隼"武装直升机武器特写

NO.79 现代战争中，武装直升机可执行哪些任务？

武装直升机经受了多次规模不等的局部战争考验在战争中显示出其巨大优势，发挥了重要作用，被人们称为"超低空的空中杀手"、"树梢高度的威慑力量"。其能够执行的任务包括以下几项。

（1）攻击坦克

武装直升机是一种非常有效的反坦克和装甲目标的武器。国外进行的模拟对抗试验表明，坦克与直升机对抗的击毁概率为 12∶1～19∶1。在一些局部战争中，武装直升机在反坦克作战中战果累累。

（2）支援登陆作战

在1982年的英阿马岛战争中，英国出动了近百架武装直升机。

（3）掩护机降

武装直升机是掩护运输机和运输直升机进行机降的主要火力支援武器。在1991年海湾战争的一次作战行动中，在 AH-64 直升机掩护下，多国部队的2000多名官兵、50辆军车和火炮，大批燃料和弹药快速突入敌纵深80公里的地域。

（4）火力支援

武装直升机能有效地给予地面部队行动实施火力支援。在海湾战争中，AH-64 等直升机曾为地面部队提供火力支援，为地面部队进攻开辟了通道。

（5）直升机空战

各国在发展武装直升机的同时，也在考虑如何有效地对付它。目前，普遍认为对付武装直升机最有效的武器还是直升机。未来战争中，直升机之间的空战似乎是一个必不可免的趋势。武装直升机还可执行侦察、空中指挥电子战和其他作战任务，因而有人称之为"战场上的多面手"。

武装直升机在未来的高技术战争中将会发挥日益重要的作用。在现役的武装直升机中，美国的 AH-64 和俄罗斯的卡-50 尤为令人瞩目。AH-64 可挂装16枚反坦克导弹或4枚空空导弹，或火箭等武器，能执行反坦克、对地攻击和为直升机护航等任务。

卡-50是世界上第一种具有弹射装置的武装直升机，即驾驶遭遇攻击被迫弃机时，引爆炸碎主螺旋桨，弹射座椅火箭助推器再启动，垂直上推驾驶座椅与驾驶员顶碎驾驶舱上方玻璃后，弹射座椅上载驾驶员一起出舱，空中时二者分离，驾驶员降落伞背包打开，使驾驶员能够成功脱险。

AH-64"阿帕奇"武装直升机正在发射导弹

AH-64"阿帕奇"武装直升机可有效提供火力支援

Part 01　陆战知识理论篇

AH-1"眼镜蛇"武装直升机在战区上空飞行

NO.80　与其他陆战武器相比，武装直升机的特点是什么？

在军用直升机行列中，武装直升机是一种名副其实的攻击性武器装备。作为一种武器装备，武装直升机实际上是一种超低空火力平台，其强大火力与特殊机动能力的有机结合，最适应现代战争"主动、纵深、灵敏、协调"的作战原则，可有效地对各种地面目标和超低空目标实施精确打击，使之成为继火炮、坦克、飞机和导弹之后又一种重要的常规武器，在现代战争中具有不可取代的地位与作用。

现代武装直升机可携带反坦克导弹航炮、火箭、机枪、空对空导弹、火箭弹以及炸弹、地雷、鱼雷、水雷等武器。这些武器具有不同形式、口径、射程和威力。携带不同武器，现代武装直升机可用以攻击地面、水面和空中的点状或面状目标及软目标或硬目标。包括坦克、装甲车辆、雷达站、炮兵阵地、通信枢纽、前沿哨所、简易工事、滩头阵地、水面舰船、水下潜艇、地面有生力量以及低空飞行目标等。可以说凡是敌方目标，只要是火力能奏效的都可以攻击。

现代武装直升机不仅携带武器种类多，而且载弹量大。就单机而言，起飞重量大的直升机载弹量更大。对成建制的武装直升机部队来说，其攻击火力更是令人不容低估。如俄军1个摩托化师建制的24架米-24直升机，一次出动就可发射3072枚火箭弹或36000千克炸弹（不带火箭时）、96枚反坦克导弹、36000发机枪弹。

武装直升机特有的飞行特点是可在野外未经任何准备的场地起降，能在空中稳定悬停，不受地形、地物限制，可敏捷地改变航线、飞行高度、速度和姿态，因此可在战区的任一指定地点迅速集中或展开，可选择有利的地点或时间，对敌进行攻击或作机动规避，这是任何其他地面和空中的武器装备无法比拟的。

基于提高攻击的突然性和自身生存力的需要，武装直升机从战场前沿基地出航时高度往往在100米以下，而在临近战区则往往贴地飞行，即利用地形在离地10米以下的高度（通常为3～5米）隐蔽机动，发现目标后突然发起攻击。这样的接敌方式，难以被雷达、红外、光学系统和目视等侦察手段发现和跟踪，往往会使敌方猝不及防。现代先进武装直升机安装有夜视、夜瞄装置，更可以在夜幕和其他能见度极低的条件下迅速接近和攻击目标，更增加了攻击的突然性。

武装直升机可在不同的高度、方位观察目标，装备有优良的电子、光学侦察设备的直升机更可在昼、夜间发现和攻击数公里远的目标。或在作战前沿己方一侧或隐蔽进入敌方一侧，通过巧妙地侦察，获得第一手且范围广泛的战场信息，并及时报告指挥部门及地面部队。这对于战斗指挥和战况的发展，显然具有重要作用。

武装直升机相对地面各种武器具有时间上的快速性和空间上飞越地面障碍的高度机动性，可以快速集中、机动和在指定地点作战，巧妙地活动于整个战场；可使用不同武器，对前沿和纵深内的各种目标，从各个方向和角度上反复实施攻击。

现代战争是诸军、兵种的协同作战。利用其良好的侦察和通信能力，武装直升机可与己方地面和空中部队保持密切联系，而对瞬息万变的战场情况，最有利于通过实施快速及时的空中火力机动，改变战场力量对比，形成火力优势，有力地配合其他军、兵种战斗，直接影响战役、战斗的进程和结局。

Part 01 陆战知识理论篇

低空飞行的米-28"浩劫"武装直升机

日军士兵与OH-1"忍者"武装直升机

A129"猫鼬"武装直升机在低空飞行

NO.81 地对空导弹武器系统主要有哪些战术技术性能指标?

地对空导弹武器系统通常包括以下战术技术性能指标。

(1)可拦截的目标类型。包括各种军用飞机、直升机、空地导弹、战术弹道导弹和巡航导弹等。

(2)地空导弹杀伤区。地空导弹武器系统不低于某一给定的概率杀伤目标的空间范围。通常以杀伤区远界、近界、高界、低界、最大高低角、最大航路角和最大航路捷径等特征参数表示。航路捷径是由地空导弹发射阵地的中心到空中目标航迹的投影线切线的垂直距离,是确定能否进行发射的重要参数。

(3)杀伤概率。通常用对单个目标发射一发导弹的杀伤概率来度量。

(4)搜索、发现和跟踪目标的能力。这种能力主要由搜索和制导雷达的探测距离、范围、测量精度和分辨率等体现,由最大探测距离、最大仰角、最小仰角和方位角范围等表征。测量目标精度指对目标参数(如距离、方位角、仰角、速度等)的测量值偏离其实际值的误差。按误差的性质,通常可分为系统误差和随机误差。分辨率指区分相邻目标的能力,包括距离分辨率、角度分辨率和速度分辨率等。距离分辨率指目标处于同一角度,在距离上区分相邻目标的能力;角度分辨率指目标处于同一距离,在角度上区分相邻目标的能力;速度分辨率指在径向速度上区分目标的能力。分辨率主要取决于雷达的脉冲宽度、波束宽度和光电探测设备像素的多少以及相邻目标对探测设备的反射或辐射特性。

(5)同时对付多目标能力。指装备同时搜索、监视、跟踪、射击多个或多种类型目标的能力。通常用目标数量表示。

(6)反应时间。即地空导弹武器系统从发现目标到发射第一枚导弹所需的最短时间。一般包括发现识别目标、判断空情、求测射击诸元、稳定跟踪、定下射击决心、射击准备、发射等时间。

(7)导弹可用过载。指在导弹给定飞行条件下,导弹舵的偏转角最大时获得的法向过载。表示导弹的最大机动能力,通常用过载系数表示。

(8)电子对抗能力。指武器系统为清除或降低电子干扰的不良影响,保持其固有的作战效能的能力。包括反电子干扰技术与战术措施的针对性、有效性和兼容性。

(9)制导体制。指武器系统对导弹进行导引、控制的方式和手段。如无线电指令制导、寻的制导和复合制导等。复合制导通常以简化、明确的方式表示,如捷联式惯性加无线电指令加主动雷达寻的制导。

(10)机动能力。即主要指标有武器系统在全额战勤人员配备条件下,展开、撤收时间;车辆的行进和越野性能;装备外形尺寸和质量是否符合桥梁、道路的运输限制;输送装备的准备时间等。

(11)可靠性。指武器系统在规定的使用、维修时间内,实现规定功能的能力。分为基本可靠性和任务可靠性。通常用平均故障间隔时间表征。

(12)维修性。指武器系统保持和恢复到能完成规定功能的能力。分为维修性定性要求和定量要求,定性要求主要包括可达性、标准化和互换程度、防差错措施及识别标记,保证维修安全,检测诊断准确、迅速,减少维修时间和降低维修技能要求,符合维修人——机工程要求等。通常用平均修复时间表征。

(13)保障性。指武器系统的设计特性和配套的保障资源,保障装备处于完好状态的能力。通常以可用度、平均延误时间等指标来衡量。

（14）导弹发射方式。即导弹发射时所处的状态和采用的技术手段，如倾斜发射、垂直发射。

战斗中的MIM-72/M48"榭树"地对空导弹

"萨德"地对空导弹在战区齐射

Part 01 陆战知识理论篇

运输车辆上的 S-400 "咆哮者" 地对空导弹

S-400 "咆哮者" 地对空导弹正在发射

NO.82 地对空导弹发射技术主要包括哪些内容？

地对空导弹发射技术是地空导弹由战备状态转变为起飞制导飞行状态过程中所采用的技术。主要包括发射装置的技术和使用发射装置的操作技术。地空导弹发射装置多为机动式，也有固定式和半固定式。地空导弹为了有效地拦截快速运动中不同种类的空中目标，在地面跟踪系统稳定跟踪目标或导弹导引头锁定目标的前提下，根据地对空导弹杀伤区实时解算导弹发射区参数，适时控制导弹发射。

按导弹发射仰角应分，可分为垂直发射和倾斜发射；按导弹发射时所用推力应分，可分为热发射和冷发射；按发射前导弹存放状态应分，可分为箱式或筒式发射和"裸弹"发射。垂直发射涉及推力矢量控制技术、初始自主制导技术、导弹快速截获技术、导弹滚转和快速倾斜转弯技术等。垂直热发射还涉及焰气排放技术和安全防护技术，垂直冷发射涉及导弹弹射技术。

倾斜发射涉及随动技术、多联装快速响应转塔设计集成技术等。箱式发射涉及轻质发射箱设计技术和导弹弹翼折叠和弹出技术等。导弹发射过程包括发射准备阶段和发射不可逆过程。发射准备阶段主要涉及导弹技术状态的快速检测和判定，发射状态的快速装定。按下导弹发射按钮至火箭发动机启动的过程为导弹发射的不可逆过程。

不可逆过程所涉及的技术包括箱弹电气隔离技术、导弹脱落插头适时可靠分离技术、导弹发射动力学技术等。采用一体化筒（箱）弹设计，集贮存、保养、维护检测和发射于一体，可提高地空导弹的可靠性，简化导弹的维护使用程序。采用多联装发射装置，将导弹的发射装置和制导设备安装在自行式车辆上，可以提高武器系统的火力强度与机动能力，实现对付多目标能力。导弹发射准备和实施依据指控系统的发射指令人工或自动完成。

SA-11"山毛榉"地对空导弹

发射架上的 S-75 "指南" 地对空导弹

发射中的 S-75 "指南" 地对空导弹

发射中的 "铠甲" -S1 系统

NO.83 便携式防空导弹的组成部件有哪些？

便携式地空导弹武器系统是由单兵或兵组携带，以肩扛方式或用小型发射架发射的地空导弹武器系统。这种武器系统体积小、重量轻、操作简单灵活，便于携带和隐蔽伪装，是攻击低空和超低空突防的固定翼飞机和直升机的有效武器。

便携式地空导弹一般由导弹、发射筒、瞄准装置、发射装置、地面电池等构成。导弹通常由导引头、舵机舱、引信战斗部舱和动力装置等组成。整个导弹封装于发射筒内，通称"筒装导弹"。

导弹的空气动力外形通常采用鸭式布局，按"+"字形或"—"字形配置的舵面安装在导弹前部，X形配置的尾翼安装在弹体后部用于稳定导弹飞行。舵面和尾翼在发射筒内呈折叠状态，导弹飞离发射筒时在弹簧和弹体本身旋转产生的离心力作用下，自动展开并锁定。

制导系统可分为导引系统和控制系统。导引系统测量目标与导弹的相对位置，确定导弹的飞行弹道；控制系统将导引系统发出的信息与弹体姿态信息综合处理成控制指令，然后通过舵机操纵舵面，改变弹体飞行姿态，保证导弹沿着确定的弹道稳定地飞抵目标。

寻引头用于测量目标与导弹的视线角速度及相对位置，形成导引信号。舵机舱将导引信号与弹体姿态信号进行综合处理，形成控制指令，然后通过舵机驱动舵面偏转，改变弹体的飞行姿态和运动轨迹，保证导弹沿着预定的导引规律弹道飞向目标。

战斗部壳体多采用预制或半预制破片式，内装高爆炸药，配用机电触发引信或近炸引信及自炸装置。动力装置通常由一台固体火箭起飞发动机和一台单室双推力固体火箭续航发动机组成。起飞发动机在导弹飞离发射筒前工作完毕，使导弹具有一定的初始速度和滚转速度。离筒的导弹飞出射手安全距离后，续航发动机立即开始工作，使导弹加速到续航速度飞行。

发射筒是导弹的密封包装筒和发射导向器，主要由壳体、前后盖、电插头、外接设备固定器组成。导弹封装在发射筒内可以长期保存，使导弹具有较高的使用可靠性。瞄准具安装在发射筒或发射架上，用于为发射筒定向、实施瞄准、估测距离和装定前置量。

发射装置包括击发机构、电子组合、蜂鸣器、敌我识别器等。架式发射装置上有些装有目标指示器，用于将捕获的目标信号和敌我识别信号传给射手。电池/气源组件由撞击机构、底火、热电池组合和高压气瓶等组成,用于向发射装置的电子组合、导引头、引信引爆电路、起飞发动机的点火装置供电。

美军基地中的 FIM-92 "毒刺" 便携式防空导弹

武器展览会上的 FIM-43 "红眼" 便携式防空导弹

别告诉我你懂军事（陆战篇）

9K38"针"便携式防空导弹套装

装备9K38"针"便携式防空导弹的俄罗斯士兵

NO.84 防空导弹如果没有击中目标会怎么办？

导弹类武器虽有高命中率的优点，但却不能保证百分之百地命中。

防空导弹是因战争中的空袭而生，并在空袭与防空的不断斗争中发展和提高的，它主要是指由地面、舰船或者潜艇发射，拦截空中目标的导弹。

有一些导弹的制导系统很先进，它们可以连续寻找敌方目标，第一个目标未击中可以寻找下一个目标发起攻击，比如很多亚音速反舰导弹都带有再

Part 01 陆战知识理论篇

次寻的功能，一次攻击不中便可进行再次攻击。

另一种可能就是防空导弹已经安装了自毁装置，在发射之前必须设定好，发射之后在一定的时间内还未击中目标就自动引爆，也就是说如果找不到目标，并且其所携带的燃料殆尽，那它就会选择自爆。这样选择自爆，导弹即使没有命中目标也不会给己方带来不必要的麻烦，比如被敌方捡到，泄露国家机密技术等，以做到万无一失。

导弹在设计时就增加了一个自爆功能，一般在引信上设置，如果在发射之后，多长时间内没有命中目标，那么引信就自动引爆，或者导弹控制系统在失去目标或达到一定目的后，向引信发出起爆指令。除某些较为特殊的导弹外，现代导弹均配有自爆装置，这些自爆装置种类不少，触发条件也不大相同，不过作用一致，将发射出去却没能完成任务的导弹销毁。

当然，还有一些特殊情形。要地面人员下达指令自爆。比如核弹头，只能引爆化学炸药引信部分，不能引爆核弹部分，而且还要找到安全区域，以便于寻找。

发射中的"轻剑"地对空导弹

别告诉我你懂军事（陆战篇）

防空导弹发射概念图

防空导弹的发射雷达及发射器

防空导弹发射瞬间

NO.85 防空导弹的未来发展趋势是什么？

20世纪末是第三代防空导弹发展与装备的标志年代，同时也是孕育新一代防空武器胚胎的年代。因为精确打击、防区外（或超视距）发射、隐身与饱和袭击已成为空袭体系的主要作战方式；多武器配合协同、网络化指挥已成为完整体系。防空武器系统面临着多层次、多目标、隐身与非隐身、干扰与反干扰、真假目标混合饱和的精确打击，这就要求不仅单个和单类防空武器的性能必须大大提高，而且必须形成多种防空武器有组织的防空体系，以与相应的空袭体系对抗。

新一代防空导弹武器的标志就是：多通道自主对付多目标、反隐身抗干扰精确打击、高速度高过载快速响应，机动灵活适应网络化作战需要。为此，在上一代防空导弹武器系统的基础上不断改进与发展：提高动力装置的比冲和装药质量比，采用能快速反应的推力矢量控制，使导弹重量进一步下降，而过载上升和响应时间缩小半个量级；采用光电复合制导和成像技术，不仅可抗各种干扰，而且可使制导精度达到摧毁要害目标的目的；采用多功能相控阵雷达与光学探测结合，可使目标密度达到 100 ～ 500 批，识别后能精确跟踪 50 ～ 100 个目标，以适应多目标多方向作战的需要；采用网络化智能作战指挥系统,以合理组织与分配火力,完成防御体系的最佳作战方案。

防空导弹只是反空袭的一种武器,加速以往防空炮弹的制导化,发展新型的定向能武器,如激光等武器,也是防空武器发展的重要方向。

随着科学技术的发展,国际上政治和经济的竞争更加广泛与深刻,表现在军事上就是要站在更高的高度、更隐蔽的区域、实现更精确的打击、更凛凛迫人的威胁。这就是实现对自己高度透明、精确高效打击;对敌方隐蔽深藏不露、突然快速灵巧,牢牢掌握作战的主动权。

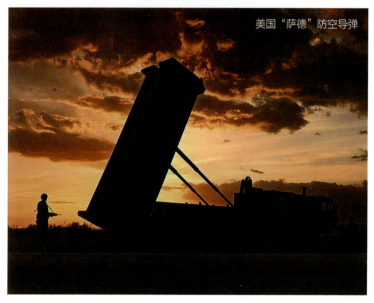

美国"萨德"防空导弹

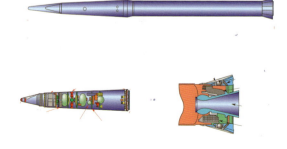

防空导弹示意图

Part 01　陆战知识理论篇

装载中的防空导弹

展览中的防空导弹

NO.86 防空导弹可以改为地对地导弹使用吗？

防空导弹又名地对空导弹，是从地面发射出去，攻击飞机、导弹等空中战略目标的武器系统。强调速度大、机动灵活性强、精度高，制导方式主要有雷达制导、电视制导、红外制导等。

地对地导弹是从地面发射，打击地面的战略目标的武器系统，强调威力大、命中精度高、射程远，制导方式主要有惯性制导、遥控制导等。

防空导弹与地对地导弹攻击方式不一样，携带的弹药量也不同，防空导弹主要是近爆，一般弹药量几千克就够了，破甲能力一般；地对地导弹的弹药量有几十千克，甚至上百千克。如果是攻击一个地面目标，最好是直接命中，显然对空导弹的破甲力度远远小于地对地导弹。

此外，两者制导方式也不同，红外制导的防空导弹不确定能不能捕捉到地面的热信号，也不一定能打中静止的目标。如果是无线电制导或者电视制导，或是两者结合制导，确实可以实现对地面的攻击。

早在20世纪，很多国家都从事过防空导弹特别是远程防空导弹改成地对地战术导弹的研究工作。这需要将导弹的导引头、战斗部、引信进行更换，如将近炸引信换装

升向高空的地对地导弹

成延迟引信、碰炸引信等更适合对地打击使用的引信，将红外或无线电制导装置换为光学制导+GPS等更适合对地打击的制导模式等。同时对导弹的飞行控制系统和弹控系统进行调整，重新编写和设计软件，使其航路规划等飞行导航模式调整成对地打击模式，因为防空导弹的飞行模式和地对地导弹有显著的区别。

地对地导弹正在发射

地对空导弹正在发射

别告诉我你懂军事（陆战篇）

地对空导弹飞行概念图

Part 02

陆战知识实战篇

冷兵器时代，陆战主要是由配有冷兵器的士兵结成一定阵形，以白刃格斗决定胜负。这种以冷兵器杀伤作为陆战基本内容的格斗方式，经历了徒步格斗、车战和步骑战等阶段，持续了一个漫长的历史时期。在现代常规战争中，陆战形式已包括了城市战、巷战、山地战、丛林战等多个作战方式。随着火力、突击、机动以及现代侦察能力的提高，防护的作用越来越大，陆战又有了新的发展。核武器的出现，又催生了核战。

NO.87 现代狙击作战是怎样的方式？

狙击作战自诞生之日起，就是一门科学，一门艺术，而并非只是射击的技术或手艺。现代狙击作战的一些战术或作战样式甚至能直接左右一场战役的进程，因此各国都对狙击作战给予了极大的重视。

狙击作战的起源与发展历程。人类战争史上最早的狙击作战，诞生于美国独立战争时期，当时美军中有一位叫夏普的少校发现，鹿油包裹后的子弹，不但方便装填，还能提高射程与精度。后来，夏普少校带领了一支独立的小部队，以远距离精确射击，成功击杀了多名英军军官，多次以极小的代价赢得胜利。

一战时期，德军率先发动了大规模的狙击作战，德军那些装备了毛瑟步枪的狙击手给战场上的协约国军队带来了极大的人员伤亡和心理压力。为此英军开设了专门的狙击学校，以对抗德军的狙击手。当狙击作战发展到二战时期，各主要交战国都已经发展出一整套狙击作战理论，从携行装备到各种地形环境下的应用，再到不同作战方式下的战术协同，都取得了极大进展。在二战的战火洗礼下，各国都涌现出诸多王牌狙击手。

在丛林中伪装自己的狙击手

到了冷战时期,狙击作战已基本发展成熟,尤其是在越战时期,美军中出现了多名王牌狙击手,排名第一的是美国陆军第九师的沃尔德伦以及第二名的海军陆战队士兵查尔斯。在冷战结束后的伊拉克战争期间,虽然美军称,现代化战争是一场集信息战、网络战、空天一体战的时代,可是驻伊美军发现,在与伊拉克的反美武装较量时,狙击手的作用是无可替代的,交战中哪一方运用狙击手更加频繁,哪方就能掌握主动,取得胜利的机会也就越大。

现代狙击作战多以渗透潜伏为主,渗透期间狙击小组采用射手在前带队,观察手负责殿后警戒的渗透队形。射手负责前方180度视野的警戒,观察手负责后180度的视野范围警戒。在渗透行进时,即便狙击小组处于贴地爬行姿势,两人仍然需要保持在双方的视野范围内,二人的间距不超过20米,也不要少于1米,以防止两人的单兵携行装具意外挂钩或装备间发生碰撞。行进时后者紧随前者,而这个狙击小组的渗透前进路线要完全重叠起来,此外在渗透行进时需要注意以下几点:①在贴地爬行时应避免因为植被、地形的遮挡而导致互相失散;②注意减少在草丛、草地上留下的移动痕迹;③紧跟在射手后方的观察手,必须随时清理射手留下的脚印;④当射手在前方决定改变行进方向时,尽量不要用口述的形式向观察手沟通或有什么特别的示意,而是尽量采用手语的形式进行交流。

狙击手在高处瞄准目标

狙击作战在未来的发展中，方式可能会随着技术的进步与人类战争理论的不断演进，作战方式的界定变得更加模糊，且战术也趋于复合化。这里所指的战术复合化是说：将传统的狙击战法和渗透敌后的炮兵观察哨引导炮火打击的方式相结合，且两者职能也可以结合。

狙击手进行作战训练

在雪地中执行任务的狙击手

NO.88　狙击手如何在行动中精准测距？

在一切狙击活动开始前，首先要做的事情是尽可能精准地测距。在狙击小组中，测距任务通常由观测手完成。尽管观测手可以使用望远镜的分划线来测量距离，但这种做法并不是首选。在远距离作战中，一点小偏差就有可能造成几十米或更大的距离误差。因此，观测手通常会使用激光测距仪（Laser Rangefinder）来测距。

激光测距仪是一种利用激光束测定距离的仪器，一般采用两种方式来测量距离：脉冲法和相位法。脉冲法测距的过程为：测距仪发射出的激光经被测量物体的反射后又被测距仪接收，测距仪同时记录激光往返的时间。光速和往返时间乘积的 1/2，就是测距仪和被测量物体之间的距离。如果光在大气中传播的速度为 c，光在 A、B 两点之间往返一次所需时间为 t，A、B 两点之间的距离为 D，则 D=ct/2。脉冲法测量距离的精度一般在 ±1 米左右。另外，此类测距仪的测量盲区一般在 15 米左右。

相位法激光测距仪是用无线电波段的频率，对激光束进行幅度调制并测定调制光往返测线一次所产生的相位延迟，再根据调制光的波长，换算此相位延迟所代表的距离。相位法激光测距仪一般应用在精密测距中，由于其精度高（一般为毫米级），为了有效反射信号，并使测定的目标限制在与仪器精度相称的某一特定点上，这种测距仪都配置了反射镜。

一般来说，激光测距仪不能在正式作战时使用，原因很简单，发出激光的观测手和目标都可以清楚地看到光线。不过，

远程激光测距仪

目前已有采用不可见光波作为光源的激光测距仪，可在不被敌方发现的情况下精准测量距离。

狙击步枪瞄准目标

携带激光测距仪的双人狙击小组

Part 02　陆战知识实战篇

美国陆军狙击手使用双筒望远镜观察目标

NO.89　狙击手的作战特点是什么？

狙击手的作战编制较小，可单人行动，也可由 2～6 人组成狙击小组。在多人编成的狙击小组中，通常编有一名狙击手、一名自动步枪手、一名轻机枪手和一名榴弹发射器手等。更多的时候，狙击小组只有两个人。例如，美军和英军的狙击手编制原则上是三人狙击小组，一人为观测手，一人为狙击手，第三人作为狙击手击杀记录的见证人兼狙击阵地警戒人员。只是由于地形和人力资源的限制，常改为两人小组。此时，观测手需肩负见证人和阵地警戒的职责。

为了保证射击效果，狙击手距离目标不能太远。为避免暴露己方阵地，还应避开主阵地，游猎时更应远离本队。因此，狙击手具有较强的行动独立性。另外，狙击手在狙击阵地、目标、时机、路线等的选择上，也拥有较大的自主权。

狙击手的作战环境复杂多变，丛林、山地、沙漠、沼泽和雪地等环境都需要适应。作战时，狙击手要靠近敌人、远离己方主力部队、相互分散，还要防备敌方反狙击。长时间的潜伏、炎热疲惫、蚊虫叮咬、饥饿口渴在所难免，更难熬的是身体必须保持不动，眼睛片刻不离瞄准镜，时刻保持高度警惕，静待目标。

正是由于作战环境艰险，所以狙击手必须拥有出色的体能和心理素质以及优秀的狙击作战能力。狙击手在训练中不仅包括基本的武器操作使用、各种静/动态射击训练，还包括野外观察与行迹追踪、野外求生、地图判读、情报收集与分析、野外阵地构筑与伪装、进入与撤离路线安排、诡雷布设与反爆拆除、狙击计划的拟订与通信协定等。

轻武器的快速射击在现代战争中往往是对敌人进行压制而不是射杀。用机枪、冲锋枪等武器，杀死一名士兵需要大量的子弹，而战场上神出鬼没的狙击手几乎可以做到一枪一命，弹无虚发。

狙击手不仅可以射杀敌方的重要人员，而且还可以起到普通步兵无法起到的其他战术作用。例如，装备大口径狙击步枪的狙击手可通过对坦克油箱、潜望镜和通信设备的射击使坦克丧失战斗力，也可通过击毁敌方关键军用设备（如天线、发电机等）来迟滞敌方基地的作战行动，还可攻击类似弹药库、油料库、指挥部等薄弱的高价值战术目标。

有资深狙击手表示，衡量一个狙击手的成功之处不在于他射杀了多少人，而在于他能对敌人造成如何的影响。在苏芬战争中，熟悉山林环境、身穿白色伪装服、脚踏滑雪板在荒郊野外来去自如的芬兰狙击手，给苏军士兵造成了极大的恐惧。二战中，苏军狙击手也严重打击了德军士气。

近年来的局部战争中，狙击手也发挥了极大的心理震慑作用，比如在城市争夺战中，狙击手的作用就非常明显，几名狙击手甚至可以阻止一支部队的前进步伐，为后续的兵力部署提供足够的时间。神出鬼没的狙击手，不仅能直接狙杀敌人，还能让敌人始终处于恐惧状态，扰乱敌人的作战计划。

美国狙击手正在进行射击训练

狙击手的作战装备

身穿吉利服的狙击手

费卢杰战役中的美军士兵

NO.90 狙击手的反制措施有哪些？

毫无疑问，反狙击装备的普及令狙击战术面临严峻挑战。但站在狙击手的立场上看，作为进攻一方，仍可能从这些系统的固有缺陷入手，发展出相应的对抗战术。如果说，反狙击一方是靠先进技术装备来助战的话，狙击手除了一支精准的狙击步枪外，更多的是靠自己过硬的战术素养。

首先是加强干扰，争取乱中取胜。考虑到声波、红外探测系统无法快速区分狙击步枪和其他火器发射特征的弱点，狙击手可选择于双方激烈交火时行动，将自身隐藏于己方众多火器之中，增大对手判断难度，并与其他战斗人员互相掩护，将踪迹隐没于友军正规行动中，以便达成进攻的隐蔽性和有效性。在面对激光探测时，则应事先广泛收集各种玻璃制品，并将其大量散布于作战地段上，力争延长对方甄别时间，从而为真正的狙击行动创造战机。

其次是在阵地选择上多下功夫。由于时下服役的多数反狙击装备实际上并不能做到精确定位，也就无法达成对目标"发现即摧毁"的理想效果。针对这一点，狙击手应有意挑选处于敌方步兵武器射程外，并便于在短时间内脱离接触的位置设伏，并事先选择好撤退路线，一击之后立即撤退以降低被发现的概率。在条件允许的前提下，还可尝试使用"车轮战术"，利用多个狙击小组在不同的地点、方向和时间实施无规律攻击，令对方顾此失彼。

总体来说，反狙击手探测技术的进步，的确在一定程度上缓解了威胁，但不太可能就此宣告狙击作战的死刑。正所谓"道高一尺，魔高一丈"，狙击与反狙击在相互斗争不休的同时，也潜移默化地促进着彼此的发展。

在全球近二十年里爆发的战争中，狙击和反狙击的对抗最为激烈的莫过于第二次车臣战争。

隐藏在岩石后方的狙击手

Part 02　陆战知识实战篇

在第一次车臣战争中，车臣非法武装以狙击手段给进入格洛兹尼的俄军以重大杀伤。第二次车臣战争中，狙击这一长期行之有效的战术，仍然给俄军带来很大伤亡。不过，这一次俄军注意研究非法武装的狙击行动特点，不断研究反狙击战术，加强参战部队的反狙击训练，很快由被动转为主动，赢得了围剿作战的胜利。

第二次车臣战争中，俄军针对非法武装的狙击行动，充分发挥自己武器装备的优势，以灵活多样的战法，反制其狙击行动，限制其优势的发挥，从而有效地打击了对方，减少了己方人员伤亡，取得了明显的战果。

狙击手对目标进行射击

在岩石堆旁等待射击的狙击手

墨西哥陆军狙击手使用两脚架帮助稳定射击

NO.91　反狙击手探测系统包括哪些？

当双方狙击手对峙时，先敌发现成为消灭对手保存自己的先决条件。以前的狙击作战，先敌发现需要靠狙击手良好的素质和机敏的感觉，主要依靠自身的眼、耳甚至是嗅出敌人的位置。而现代条件下，科技已经可以提供更加敏锐的战场感知能力。

各国军方近年来都在硬件方面投入大量精力，借助先进的声、光、电技术开发出型号多样、原理各异的"反狙击手探测系统"，从技术层次上提高了狙击手防御袭击的能力。不过，现有的狙击手探测系统，实际上是人耳、人眼的延续扩展。这些器材能为狙击手提供较大的帮助，同时也有各自的局限。到目前为止，狙击手娴熟的技巧和良好的心理素质仍是其他任何器材所不能取代的。

声波狙击手探测系统

最早投入使用的反狙击手探测系统是声波探测仪，这种装置包括一系列高精度音响传感器，通过感应及比对由多个分散布置的麦克风接收到枪口音爆的时间差异，再结合多点定位原理，即可精确计算出射击位置、子弹轨迹乃至枪械口径。由于原理简单、成本低廉，声波探测仪被公认为是性价比最好的反狙击手探测系统。

目前，美国、法国、加拿大和以色列等国都研制出了声波狙击手探测系统。美国研制的声波狙击手探测系统包括雷神公司的"回旋镖"声探测系统、AAI 公司的 PDCue 射弹探测和定位系统、通用动力公司的子弹探测指示系统、阿连特技术系统公司的"安全"探测定位系统、科学应用公司的"哨兵"反狙击手定位系统等。

红外狙击手探测系统

红外探测器是另一种较为普及的装备。红外狙击手探测系统通过探测枪口闪光和飞行弹丸的红外信号，来确定敌方狙击手的位置。红外探测器可以探测子弹出膛时的闪光，发现 1000 米距离、视线不被阻断的目标。由于飞行的弹丸比周围空气的温度高，红外探测器可在几千米外探测到弹丸的热特征，通过弹丸的飞行弹道，回溯发现狙击手的位置。在波长为 3～5 微米的中红外波段内，探测效果尤为明显。此系统能在狙击手射程 2 至 3 倍的距离外有效感知其存在，具有相当的安全性，装置使用方便可以制成单兵装备。红外狙击手探测系统的弱点是视角容易受到地形地物影响，且必须靠近前沿设置。

激光狙击手探测系统

激光反狙击手探测系统利用的是"猫眼"效应。猫眼在黑暗中发光，是由于猫的视网膜比身体其他部位的反射能力强。同样，狙击手的瞄准镜也比周围背景的反射能力强。当不可见光波段的激光束照射到瞄准镜表面时，就会产生狙击手不易察觉而激光探测系统能够察觉到的较强反光，从而发现狙击手。这个原理不仅可以发现对方光学器材，还可以同时测得目标的精确距离（与激光测距机原理类同）。可以将确定的对方位置叠加到场景屏幕上，并显示出对方、己方的战场位置关系。

不同于声波探测系统和红外探测系统，激光探测系统是一种主动系统，可以主动搜索对方，不必等待对方扣动扳机产生的发射特征，有可能在狙击手开枪之前就找出其的位置。主动探测装置可以设置在对方有效射程以外。该方式也有弱点，主动的激光扫描，

"皮勒尔"反狙击手声探测系统

也意味着很容易被对方发现，尽管设置于对方有效射程外，但也意味着为对方诸如迫击炮等火器提供了目标。

手持狙击步枪的美国狙击手

美国士兵使用夜视仪所看到的画面

Part 02　陆战知识实战篇

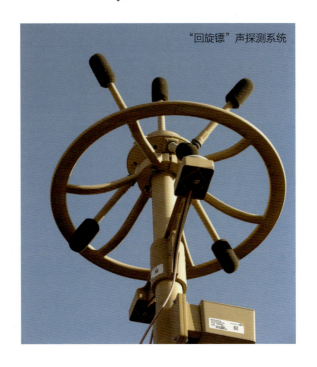

"回旋镖"声探测系统

NO.92　地面战争中,如何选择狙击阵地?

在费卢杰战役中,伊拉克反美武装使用了大量狙击手。虽然他们对美军构成了一定的威胁,但他们远远没有达到专业狙击手的水平。他们都没有接受过专业化的训练,没有配备观测手,武器质量也很差,更严重的问题是他们没有机动的概念。美国海军陆战队队员报告说,伊拉克反美武装的狙击手经常选择很显眼的建筑物为藏身地,清真寺的尖塔就是他们最喜欢的藏身地,而且在开枪后并不转移阵地。低下的战术水平使他们成为空中打击、制导炸弹以及美国海军陆战队员狙击手的理想靶标。

选择狙击阵地时,首要考虑的因素便是"制高点"。许多人在谈论狙击手的时候,都会联想到"制高点"一词,但是有些人却把"制高点"误解成"最高点",这是一个误区。要知道,制高点不是最高点,最高点也未必是制高点。从狙击专业的角度来说,制高点就是能够对周围环境进行监视,起到控制作用,适合狙击作战的地点。有的最高点适合做制高点,有的最高点则不行,比如烟囱的顶端,即使是普通人也很容易猜到狙击手有可能藏在那里,而且这么高又行动不便的地方也不利于狙击手撤离。

通常情况下,在像城市街道这样的地方选择狙击阵地,因为楼层较多,观察范围就会受到影响,所以要适当选择高一点的楼层,以便观察和瞄准。具体选择几楼要视情况而定,但一般不能超过五六层楼的高度,这个高度不到20米,狙杀目标后,可以快速撤出楼层。如果是在二三十层楼的高度狙杀目标后,由于撤离不便,很容易被敌方发现行踪并展开围堵。

如果要在城市街道中选择永久性狙击阵地,相对来说比较方便,不用像野外一样花费大量精力去挖掘堑壕,只要利用屋内的设施,建立一个比较舒适的射击平台即可。如果觉得某个楼层适合作为狙击阵地,即便有部分阳光照射进来,也不必太担心,狙击手只需往屋子里面挪一挪,避免镜片反光即可。如果有纱窗就更好了,狙击小组可以清楚地观察外面的状况,而外面的敌人却不易了解屋内的情况。

总体来说,在城市作战中,门、窗和墙洞都是极易受到关注的地方,所以狙击手应隐藏在敌人容易轻视的位置。狙击手适宜隐藏在石制建筑物内,这样会有最好的防护、更大的射界和最清晰的观察视界。作战时,狙击手应设法消除枪声和枪口焰,例如不要直接在门、窗及其他洞口上射击,最好能隔着邻近的废弃建筑射击和观察,另外也可以在墙上凿出一个外宽内窄的漏斗形射孔。

在摩苏尔市区作战的伊拉克狙击手

Part 02 陆战知识实战篇

在阿富汗城镇中移动的美国狙击手

躲在墙角射击的狙击手

在建筑物顶部监视目标的警队狙击小组

NO.93 城市作战的运动技巧有哪些？

尽管城市作战中狙击手的运动频率比普通士兵略低，但是运动仍然是狙击手在城市作战中首先要掌握的技能。运动技巧必须不断地练习，直到成为习惯。以下是狙击手在城市作战中通过不同位置的运动技巧。

（1）翻越围墙

在侦察过墙那边的情况后，狙击手快速滚过墙头，身体尽可能放低。高速度和低姿态可以避免敌人的火力打击。

（2）穿越拐角

在穿越拐角之前，必须先仔细观察周围情况。在拐角常犯的错误就是将武器从墙角处露出，暴露自己的位置。探头观察时要低于敌人以为会出现的高度，正确的观察技巧是：狙击手平躺在地上，避免武器露出，戴好头盔，探出头，能观察清楚即可。

（3）通过窗户

窗户是又一个危险地带，通过窗户时最常犯的错误就是露出自己的头部，此时室内的敌人会通过窗户击中狙击手而又不会暴露自己。运用正确技巧通过窗户时，狙击手的身体要低于窗户，确保自己的侧面轮廓不会暴露，要沿着建筑物的边缘运动。此时房内的敌人如果要射击就必须把自己暴露在掩护火力下。通过地下室窗户时同样如此，最常见的错误是没有发现地下室的窗户。狙击手不能跑过或走过窗户，那样就给敌人提供了一个很好的目标，应紧贴墙面跳过窗户，避免露出腿部。

（4）出入门口

门口通常不能用作入口或出口，因为敌人的火力肯定已经将其封锁了。如果必须从门口出来，那就尽快冲出，到达下一个隐蔽地点，使暴露自己的时间尽量短。此时要强调的是预先观察位置、速度、低姿势和掩护火力。

（5）与建筑物平行运动

狙击手和小分队不可能总是能利用建筑物内部作掩护前进，在室外运动时，就要利用烟幕、掩护火力和掩体以保证运动的隐蔽。要紧贴墙角、利用阴影、少暴露轮廓、快速运动到达下一个位置。如果此时建筑物内的敌人要射击，他就要把自己暴露在狙击手的掩护火力下，而且，街上远处的敌人也很难观察和瞄准狙击手。

(6)穿越开阔地

街道、小巷、公园之类的开阔地应尽量避免穿越,因为那是敌人多人操作武器天然的歼敌区。但如果遵循一些基本原则,也能安全穿越。狙击手要有个人的行动计划,并利用发烟手榴弹提供掩护。在建筑物之间运动要走最短的路线,尽量减少暴露的时间。在向下一个位置运动之前,要目视观察,选择一个最好的隐蔽位置,同时选择适当的运动路径。

(7)狙击小组在建筑物之间运动

狙击小组在建筑物之间运动时是个比较大的目标。从建筑物的一个角到另一个角时,狙击小组将穿越开阔地,从建筑物的一个面前往另一个面时,情况类似,应用的技巧也一样。狙击小组应以建筑物作掩护,在向邻近建筑物运动中,狙击手和观测手之间应保持3～5米的间距,使用预先约定的信号,突然冲出,穿越开阔地,冲向下一座建筑物。

(8)阵地之间的运动

从一个位置向另一个位置转移时,狙击手要注意不要遮挡住自己的掩护火力。一旦到达新的阵地,应立即作好准备掩护己方其他士兵。狙击手必须充分利用新的射击位置,压制敌方火力。

(9)在建筑物内部运动

当处于攻击之下而在建筑物内运动时,狙击手要注意避免在门窗处暴露自己。一定要利用走廊时,要紧贴墙壁,避免成为靶子。敌人经常在门窗处设置诡雷,进屋时应避免触动把手,可以用手枪向插销处点射一发,然后将门踹开。如果发现有诡雷,应做好标记、上报并绕行。进入每一个房间之前,最好向室内投掷手榴弹。

狙击手快速通过街道

士兵在城市中贴墙面前进

以色列国防军士兵在城市作战训练中心徒步行军

在作战训练中心进行城镇战训练的美国海军陆战队士兵

NO.94　现代城市作战的难点是什么？

城市作战中，对进攻一方来说，常常需要攻坚夺点、短兵巷战，加之地形、敌情不明，易遭敌方伏击和冷枪射击。20世纪80年代以来的几次城市作战，进攻一方都付出了沉痛的代价。

受地形所限，城市作战中的兵力兵器主要沿道路及其两侧街巷机动，因此战斗队形易被割裂，不利于大兵团的活动，而小分队将发挥极大的作用。俄罗斯军队在攻打格洛兹尼市时就将市区划分为15个责任区，根据责任区的面积、建筑物、敌情等情况编成若干强击支队，每个强击支队又编成2～3个强击群，每个强击群通常由1个摩托化步兵连或空降连配属1个坦克连、喷火分队、工兵分队和障碍排除分队等力量组成，担负一条街道的进攻任务。由此可见，为适应城市作战独立战斗、攻坚战斗的要求，需要编成集突击、破障、火力支援于一身的最低一级的诸兵种合成分队，使各分队能够保持战斗队形，灵活机动地执行任务。

城市作战中，有线电通信机动性不强，无线电通信特别是甚高频和超高频通信，受高大建筑物的影响和声、光、磁的干扰，信号欠佳；旗语、手语等联络方式会受到墙壁和建筑物的遮挡,难以沟通;战斗接触面小,与敌交战的多是班组或单兵,交战双方往往是一路、一墙之隔,兵力分散,不便指挥协同。因此利于单兵作战,而不利于联合行动。美军认为,城市作战是"下士(班长)决定的战斗",是"真正的勇士的搏斗"。

军队现有的技术装备主要是针对一般地形作战设计的。在一般地形可以最大限度发挥优势的军事技术,在城市作战中将被大大削弱。城市作战面临的是不规则的、复杂的作战环境。大范围侦察定位系统、空中火力、远距离火力,在有防护、伪装和隐匿的城区,其看得远、打得准的优势很难发挥。例如,1993年10月,进入摩加迪沙市区的美军,虽然拥有绝对的技术优势,但面对艾迪德民兵武装的袭击,也只能进行"步枪对步枪"的作战,其高技术装备几乎无用武之地。当然,如今美军正在大力研制适用于城市作战的高科技侦察装备,这一难点将得到一定程度的克服。

在城市作战中,近在咫尺的建筑物遮蔽了视线,致使视界和射界受限,存在大量观察和射击死角,不便于实施侦察与观察,不便于发挥火力;小巷狭窄,不便于坦克等装甲车辆的机动,且在主干道上行驶,易遭反坦克武器的打击,风险较大;军事目标和非军事目标紧密相连,战时既要摧毁军事目标,还要考虑保护重点非军事目标。因此,便于使用轻武器,重型兵器的使用则大大受限。

在墙隙缝中准备射击的武装狙击手

Part 02　陆战知识实战篇

美国士兵正在进行建筑物攀爬训练

士兵在城市中集体作战

NO.95 城市作战中,战场区域类型怎么分?

一个城市原则上讲是一个地理实体,因为通常情况下是建立在一个特殊的地方:交叉路口、水路通道或资源通道,处于优势或防御地位。自20世纪70年代以来,城市的重叠延伸造成了综合化堆积网络。各种连接极点聚集(火车站、机场、政府机构、商业机构等),从而导致城市"多极化"发展。尽管是一个表面单位,但是城市可以划分为各种不同的空间类型,每一个都有其自身的特点,有必要进行确定。由此,可将城市区域划分为三种类型。

(1)老城区

老城区通常具有起伏不平的特点,海拔高度有很大不同(100~200米),能够对周围环城区域居高临下,街道狭窄,大部分是用石头或砖垒砌而成,能见距离很近,一般为100~300米。

(2)环城区域

环城区域是老城区之外的区域,通常是19世纪中叶建立并改造成大街的区域,总体上高层住宅密集,多为20世纪80年代以后采用砖体结构的楼房,或是采用金属或混凝土结构的建筑。住宅区和商业区通常与数万平方米的林园交织在一起。在这种由城市扩建而成的基础设施区域内,通常可以见到:旅游或商业火车站、艺术区域、工厂或作坊以及公墓等,还有交通枢纽、停车场、铁路、通信中心以及能源生产中心等。这些区域一般情况下由高架或地下高速公路或环城公路相互连接,目的是减少地理上的分割。环城区域的特点是观察和射击距离远,从几米到几千米。这些区域一般被老城区所俯视,人口密度一般在100人/平方千米。

(3)近郊区和远郊区

以市中心向外延伸30~45千米。尽管是环形的,但也是围绕城市中心向外延伸,与城市交通垂直相接。这

狙击小组在废墟上对目标进行射击

些区域一般是开放式的，能够将老城区包围起来。一般情况下都是采用钢木结构的大型建筑。在这些区域内有工业基地、商业中心、地方建筑、出租房或住宅区以及高档别墅等。这些建筑的大部分或一些空地的面积都在数万平方米以上。在这些区域还有一些大公园，甚至耕地。在近郊区和远郊区，一般射击距离均超过300米。人口密度在各区域之间有所不同，平均为每平方千米50～100人。

美国士兵以群体形式在战场执行任务

美国士兵在巴格达市内与游击队交火

美国狙击手在城市街道中徒步前进

NO.96 怎么在城市作战中找到一个最好的射击位置？

在城市作战中，无论进攻、防御还是撤退，成功与否都取决于士兵能否精确射击敌人，同时尽量隐蔽自己，免受敌人攻击。这就要求士兵能迅速寻找和正确利用射击位置。一般来说，城市作战中的射击位置可分为两种，一种是仓促射击位置，另一种是预设阵地。

仓促射击位置

仓促射击位置通常应用于进攻作战或防御的早期，可以是士兵主动修建，也可以是在敌人的打击下被迫修建，修建前往往都缺乏必要的准备。城市作战中，常见的射击位置有建筑的拐角、断墙、窗户、未经整理的孔洞、房顶等。

建筑拐角

士兵必须能熟练地用两侧肩膀射击，以有效地利用拐角，常见的错误就是用错肩膀，导致自己身体的暴露面积过大。另一个常犯错误是站姿射击，士兵会暴露在敌人预期的位置上，较高的身影成为敌人很好的靶子。

断墙

士兵在断墙后射击时,必须围绕墙体,不能超出。

窗户

窗户提供了一个很好的射击位置,士兵要注意不要站姿射击,那样会把自己暴露在敌人回击火力之下,而且自己的身影在深色背景下也很醒目,枪口火光在夜间更是明显的目标。士兵应该离窗口稍远一些,防止敌人看到火光,要采用跪姿或其他姿势射击,防止自己的形象过于突出。

射孔

士兵可以在墙上开洞用于射击,此时要注意自己的位置,要确保枪口焰不超出洞口,不会被外面看到。

房顶

房顶为狙击手提供了很好的射击位置,有着很好的视界和射界。房顶上任何突出物如烟囱、烟窗等都可以作为隐蔽物来使用。

预设阵地

预设阵地是指预先修筑或改造的射击位置,用于向特定区域开火并减少自身的暴露。预设阵地主要包括加固的窗户、加固的射孔、狙击阵地、反装甲阵地和机枪阵地等。

加固的窗户

士兵可以用封堵的方法加固窗户,只留下一个较小的射孔。封堵材料可以是从内墙上取下的,也可以是其他途径得到的材料。封堵窗户时不能只封堵用于射击的窗户,也不能封堵得太过棱角分明,否则敌人马上可以判断射击位置。

一般来说,士兵在窗户底部射击更为有利,射击位置暴露得更少。窗户下面要用沙袋加固。窗户上的玻璃要去掉,防止碎片伤人。窗帘要保留,因为士兵可以透过窗帘观察和射击,敌人却不能透过窗帘看到里面。武器下方应铺上湿毯子,防止激起尘土。窗口挂上纱窗或网可以防止敌人投入手榴弹。

加固的射孔

虽然窗户是很好的射击阵地,但不能总在一个地方射击。士兵应修筑备用射击位置,如在墙上打孔,用于观察和射击。打孔后可用沙袋堆在墙后射孔的周围以加固，如果阵地在二楼或更高的楼层上，还应在地板上铺两层沙袋，防止来自下方的爆炸。士兵后方也要用沙袋、碎石、家具等加以保护，还要用桌子、床架等保护士兵的顶部，防止来自上层的爆炸和落物伤人。为了进一步增强安全性，可以在墙上多开几个孔用以迷惑敌人。

狙击阵地

烟囱为狙击手修筑阵地提供了很好的位置，房顶的部分建材要拆除，狙击手可以站在房顶下的檩条上或构筑的平台上，只露出头和肩部，在烟囱后射击。狙击手的侧面要以沙袋加固。如果房顶上没有突出物，狙击手应该在面向敌人的房顶下修筑阵地。阵地要以沙袋加固，把房顶材料如砖瓦等拆下一小块作为射孔。为防止缺失的砖瓦成为敌军识别的标志，别处砖瓦也要拆下几块以迷惑敌人。狙击手和射击时的枪口焰都不能在外面看到。

在选择和构筑狙击阵地时，要注意以下方面：尽量利用隐蔽和掩蔽物；不要在掩蔽物顶部射击，尽量在掩蔽物旁边射击；不要把自己的身影暴露在浅色建筑、天空等背景下；在离开旧的阵地前就要谨慎选好新阵地；不要固定射击位置，在封堵和未封堵的窗户处都要射击；暴露时间尽量短；一旦占领一个仓促射击位置，要立即加以改造；尽量用建筑材料加固阵地。

反装甲阵地

在城市进攻作战中，无后坐力武器的尾焰大大限制了士兵选择阵地的灵活性。在为无后坐力武器和反坦克导弹选择阵地时，要尽量用碎石、墙角、拐角、废弃车辆等保护炮组成员。没有时间在墙上打孔和清扫武器后方空间时，可以选择拐角窗户一类的地点，炮弹从一个窗口飞出，尾焰向另一个窗口泄出。房间的拐角可以用沙袋加固。此外，也可以在房顶以烟囱作掩护，阵地后方用沙袋加固。需要注意的是，士兵应多选择几个阵地，以保证需要时可以变换位置，尤其是原有阵地不能抵挡轻武器火力时。

机枪阵地

机枪没有尾焰，可以布置在任何地点。在进攻中，门窗提供了很好的位置，但也是敌人重点观察和射击的目标，所以要避免。在进攻中造成的墙上的洞都可以用作射孔，也可以用炸药炸孔。不管是用何种射孔，机枪都应在室内或阴影里射击。一旦占领建筑，士兵要立即封堵门窗，只留下小口用于射击。射击中要灵活变换位置。

防御中要广泛地利用射口，射孔的布置上不能有任何规律性，不能都布置在地面或桌子的高度，应变换高度和位置以免被敌人识别。假射孔、成排的孔、临时用非故意造成的孔射击都可以欺骗敌人。灌木丛后、屋檐下、门口立木下的射孔都难以被敌人识别。可以把机枪布置在墙角和建筑下的沙袋工事里以加强火力，桌子、沙发等都可以完整地用来加固阵地。

此外，还有一种不常用的机枪布置方法，就是将机枪安置在高处，让子弹越过废弃的车辆、障碍等以避免被它们遮住射界，这就要求在楼上或房顶精确寻找射击位置，而且要严密伪装。

利用墙壁破洞射击的武装狙击手

武装狙击手站在屋顶观察下方

藏身在土墙后方的美军狙击小组

埋伏在窗户后方的狙击手

NO.97 如何给山地环境分类？

在军事领域，山地是指海拔500米以上，高度差大于200米的地区。山地按海拔可分为低山地（500～1000米）、中山地（1000～3500米）、高山地（3500～5000米）和极高山地（5000米以上）。随着海拔升高，山体

Part 02　陆战知识实战篇

上植被、气候、地貌等都变化明显，低海拔地区多为高大乔木组成的森林，海拔往上升就变成低矮的曲林，再上升就只有高山草甸、裸露的土壤和岩石、冻土地带，高山顶上是终年不化的积雪。

不同地域，林线和雪线的高度不同。一般纬度越高，林线和雪线越低。比如，印度东北部边境的林线高达 3600 米以上，而北部和西北部边境林线一般在 2100 米左右。林线以下，植物繁茂。林线以上，地面光秃，土壤内多石，有的岩石松散，便于挖掘，但易发生山崩。

海拔高低并不完全反映氧气含量，比如同样是 3000 米海拔，有植被和没有植被的地区，人类的缺氧感受就完全不同。所以军事上并不完全按海拔高低来区分山地作战，而习惯根据林线和雪线的位置来划分山地作战类型。

在常绿阔叶林组成的森林地带，一般用"丛林作战"一词。部队穿着单薄深绿丛林迷彩服装，面临的是多雨、迷雾、潮湿的气候。林线附近，一般使用"山地作战"一词。林线以上，使用"高寒山地作战"或"高山作战"一词。部队在裸露土壤和岩石的山区，着装都是荒漠迷彩服，并强调保温，面临的是少雨、低温、风雪等气候以及高海拔带来的高山病。在雪线以上，属于"极寒地带作战"。其着装与"极地作战"类似，但部队除配备高山装备外，还须配备滑雪和攀冰工具，进入前必须有适应性训练。世界上只有少数几个国家具有这类作战环境。

美国狙击小组在低海拔山区训练

伊拉克士兵在草地上对敌人射击

在高海拔地区执行任务的美国士兵

正在监视目标的双人狙击小组

NO.98 山地环境中,军队作战有何困难?

山地环境多以山岭、山坡、山谷、山崖、山脊、山麓等为主,通常还伴随着荒野丛林,因此山地战也成为最危险的作战形式之一,其作战难点主要包括以下几点:

(1)运动观察不便。

山地陡峭险峻,道路稀少,空气稀薄,部队行动不便,运动速度大大降低,坦克、炮兵行动尤其困难。大雨易造成山洪和塌方,阻塞交通。河流湍急,架桥困难大。山谷蜿蜒,眺望困难。山顶上便于观察。林线以上,晴天便于通视,但不便于隐蔽,部队行动易被发现。林线以下,植物茂盛,地形特征不明显,易迷失方向和走错道路,但隐蔽条件好,便于步兵小分队出敌不意地行动。

(2)通信联络困难。

高寒山区对通信联络的影响很大。有线电架设困难,无线电在拂晓和黄昏时联络效能降低。高频无线电通信容易受到山地屏障、大气干扰和闪电的影响。无线电终端设备笨重，搬运困难。干电池因低温容易失效，电台的金属部件受冻收缩而易失灵。地形复杂导致观察困难及通信不便。

（3）人体功能降低。

在海拔3300～4200米处，人会呼吸困难，头晕目眩，失眠，烦躁，全身无力，还可能发生冻伤。海拔4200米以上地区，困倦、沮丧现象更加明显，还可能产生举止不安、记忆力衰退、精神紧张等现象。海拔4500米以上地区，心脏功能只相当于在平原地区的60%。在印巴卡吉尔冲突中，印军许多士兵都有严重的高原反应，一些年龄较大的军官死于肺水肿。

一般而言，为了使部队适应高山环境，部署时应该逐步由低处向高处移防。第一站可选在海拔2400米处，第二站选在海拔3000米处，此后按600～900米间隔向高处移驻，直到到达规定的高度。部队每个移驻点至少应停留2天，完成移防过程至少需要8天。

山地不仅限制了车辆运动，也限制了徒步行军。在崎岖山路上穿行不仅辛苦，也很危险。衡量部队运动的强度不是距离，而是时间。如果在平原负重行军每小时可行进4千米，那么在山地最多爬升300米或下坡600米。在黑夜，运动变得更慢且充满危险，部队必须在战斗准备和机动性之间作出平衡。

（4）后勤补给困难。

山地人烟稀少，物产匮乏，很难就地补给，加之道路崎岖，气温变化无常，运输受到极大限制。尤其在干旱季节，不少地区缺乏饮用水，后勤和技术保障任务更重。徒步行军时，山地步兵负荷极重，背包平均重量达50千克，最大负荷（包括武器）达75千克。即使这样，山地部队也还必须依赖其他运输工具，比如骡马。超过3900米的高度后，骡马和搬运人员是后勤供给的主要手段。他们可以穿行于车辆无法通行的山道上。在高海拔地区，骡马可以驮运的重量超过其体重的20%，每天能走30千米。人力搬运取决于体力。士兵行动时运力一般只有人力搬运工的一半，携带的主要是弹药和爆炸物品。因此，在山地作战中，后勤保障决定了可以有效使用的部队规模，作战成败在很大程度上取决于指挥官保障部队补给的能力。对于狙击手来说，破坏敌方后勤补给是山地作战时的重要任务。

（5）指挥协调不便。

由于山地地形各方向互相割裂，部队行动受限，分队多独立行动，战斗发展不平衡。多数战斗都是在较低级别上进行。因此，给指挥协同带来非常

Part 02　陆战知识实战篇

大的难度，战斗的胜利往往取决于初级指挥官的主动性和指挥才能。

美国士兵在山地环境中行进

完美融入周围积雪环境的狙击小组

在积雪山区徒步行军的狙击小组

意大利山地部队在陡峭山地上训练

NO.99 高海拔地区怎么行军作战？

在地理学上，通常将 600～1500 米称为低海拔、1500～3500 米称为中海拔、3500 米以上称为高海拔。在高海拔地区（高山地和极高山地）进行的战斗，其难度远大于中低海拔地区的战斗。

高海拔山地的作战模式主要有两种：第一种作战模式是两国对接壤的边境地区存在争议，并沿争议地区中的分界线驻扎军事力量，守卫实际控制区域。在这种情况下，冲突双方往往根据边界线配置防御力量，并沿此防线在相对固定的位置展开阵地战，至于防线所处的高度并不在考虑当中；第二种作战模式是战斗并没有相对分明的阵地和防线，通常是小规模的游击队、武装走私集团、匪徒或邻国武装力量沿山体横断面一侧建立前进营地，随时与遭遇到的敌方力量进行战斗。在这种情况下，战斗通常发生在林线以下双方遭遇的地域，并非自然地集中于边境地区。

对于在高海拔山地交战的双方军队来说，首要的敌人是所处环境，其次才是对手。在这类作战环境中，高地并不总会成为双方关注的重要地域，双方指挥官通常更关注利于机动通行，或靠近补给线路、后勤终端和中继补给站的地域。至于战斗的主要力量，则以轻步兵和山地炮兵为主。

高海拔山地作战中，进攻性作战行动包括渗透、伏击、突袭、巡逻、火炮攻击、有限的空中突击和攻击作战等，至于追击则很少进行；包围是最常见的策略，正面进攻只有在迫不得已时才会进行。防御性作战行动则包括反渗透、伏击、巡逻和阵地防御等。至于原地换防等行动，通常也只限于低一级单位。

高海拔山地作战中的进攻行动多集中于通过封锁道路通行、阻止敌人获取补给并控制输送线路、俘获敌方营地及中继补给站点、摧毁输送力量等方式，来阻断敌方的后勤补给。前线进攻部队如果仅歼灭敌方巡逻队、突击敌方炮兵阵地等，虽然能鼓舞己方士气，但对敌方造成的实际伤害并不大。由于地形对后勤补给的限制，高海拔山地的进攻性作战通常由小规模的部队执行，这样易于补给和保障，太多的部队反而会妨碍行动。部队在这类地形机动时，多采取小队集群步行前进。由于攻击位置离营地很近，目标近在咫尺，所以进攻一方在到达攻击位置的过程中并不像长途跋涉耗尽体力，并且减少了遭遇山地多变的恶劣天气的可能。如果己方压制火力不足或对方在反斜面构筑防御设施，进攻部队必须采用小规模编队，实施多波次攻击。由于冰雪堆积、道路变化，高海拔地区山体的地图也常常与实际有出入，因此进攻方案应简洁清楚，可将整个进攻目标划分成多个子目标，分阶段实施攻击行动。部队的机动也要根据交战地域的具体情况来确定，攻击发起后预备队要尽快投入战斗，因为部队机动速度较慢，如投入过迟便无法起到持续扩大攻击效果的作用，且第一梯队与预备队之间也难以相互支援；而且因为机动速度慢，机动的距离也有限。

由于人员、物资有限以及后勤补给困难，高海拔山地的防御作战行动同样艰难。在沿边境布防时，一个营的防御正面通常可延伸至7300米，一个连的防御正面约为1400米，形成了宽正面、浅纵深、大间隙的防御态势。此外，一个整营在实际防御行动中，很少同时进入阵地，以一个连为例：通常只有一个排占据整个连防御正面，剩余其他部队则作为预备队驻扎在一线阵地后方较低海拔的营地内，这样有利于减轻恶劣环境对战斗力的影响。一个排通常只能在高海拔山地防线驻守10～14天，之后便应轮换调防其他排级单位，而整个连每3～4个月也应换防到更低海拔地区进行休整和恢复。这意味着高海拔山地宽正面的线性防御阵地，主要是以一连串配备有机枪等自动火力的坚固据点作为支撑。至于在反斜面修筑的防御设施，则主要在正斜面观测站的配合下，以曲射火力杀伤正面敌军，这种防御方式更是高海拔山地防御战中的首选。当然，建立在反斜面上的防御设施由于缺乏顶部掩蔽设施，也易遭受敌方空爆弹药的打击。

突袭战术也是高海拔山地进攻和防御作战中经常使用的战术，经过周密计划的行动，部队突袭对方据点，完成任务后迅速撤离。这类突袭不以长时间占据敌方目标为目的，只是一种为俘获敌方人员和装备、捣毁敌军设施、诱骗吸引敌军注意力、打击对方军心士气的临时性手段；而且由于作战持续时间短，其后勤负担也远小于一次有准备的进攻行动。

美国陆军在高海拔地区进行作战训练

Part 02　陆战知识实战篇

士兵在雪地中进行移动练习

士兵在雪地中徒步前进

加拿大陆军士兵利用雪橇车在高海拔山区机动

NO.100 野外作战的形式有哪些？

野外作战是现代战场不可缺少的一部分，其形式包括以下几种。

（1）山地战

山地战是指在高山或类似复杂地形上进行的作战。山地战是最危险的作战形式之一，战斗人员既要和敌军交战，同时也要对抗极端的天候和危险的地形。高山在任何时候都是危险的，山体滑坡、严寒、强风、闪电等自然现象都会对战斗人员造成额外的威胁，在某些连驮畜都难以通过的陡峭斜坡上的行军、运输、医疗后送等都势必消耗大量的资源。在战斗中，夺取制高点将给进攻或防御提供极大的优势。在山地战斗中，要攻击一支有准备的防御部队，进攻方必须投入比平地作战多得多的兵力。

山地作战训练一般来说是陆军训练科目中最艰苦和最危险的训练。在世界许多国家都是由特种部队或专门的山地步兵部队来接受这一训练，因为只有他们有可能在这类地形下执行作战任务。有些多山国家的常规步兵部队也会接受类似性质的训练，但训练强度相对较低。

Part 02 陆战知识实战篇

(2) 丛林战

丛林战是指在丛林地带进行的战争。丛林在军事上通常指的是典型的热带森林，同时也包括亚热带和温带森林地区的作战环境。丛林的高温度、高湿度和较大的降雨量对人和武器都是严峻的挑战。茂密的植被极大削减了武器、传感器和通信装备的作用范围，人的耐力和武器携载能力也被严重削弱。在人类战争史上，丛林作战历来是交战双方十分头疼的问题，在其他作战环境条件下具备的步兵技术作战优势，在丛林或森林环境中通常都会大打折扣。

(3) 沙漠战

沙漠战是指在沙漠地带进行的战争。沙漠这种地形的特点是：植被稀少；视界射界开阔，但由于缺乏方位物体而容易迷失方向；土质疏松，影响通行，不利于构造工事；水源缺乏，昼夜温差大；对核生化武器的防护能力差等。沙漠战属于特殊环境的作战形式。在享有某些优势的情况下，沙漠作战也面临众多挑战。

在丛林中准备执行任务的狙击手

别告诉我你懂军事（陆战篇）

狙击手攀登山崖

士兵在沙漠环境中瞄准目标

Part 02　陆战知识实战篇

美国士兵在野外环境中执行任务

NO.101　野外作战的行进技巧有哪些？

在野外作战时，士兵行进的时间远比作战的时间多。在没有准备好与敌人正面交锋时，就要灵活运用行进技巧，避开敌人的搜索和攻击。除了正常行走以外，士兵在野外作战时最常用的三种行进方式是低姿匍匐、高姿匍匐和跃进。

低姿匍匐时，身体的着弹面积最小。在穿过只有低矮隐蔽物的地方，且处于敌人的火力之下或敌人正在实施侦察时，可使用这种行进方式。低姿匍匐时，身体平贴地面，用扣动扳机的手紧握枪身前方枪带挂钩处的枪带，保持枪口倾斜朝上，拖着枪行进。行进时，双手拉动身体，用腿将身体向前推，如此反复进行。

高姿匍匐比低姿匍匐速度快，但着弹面积也有所增加。当隐蔽较多，且敌人的火力使人无法站立行进时，可使用这种行进方式。高姿匍匐的动作要领为：用手肘和膝盖支撑身体并移动，身体离地，双手持武器。在移动时，右肘配合左膝与左肘配合右膝交替使用。

跃进是最快的行进方式。为了防止敌人的机枪和步枪追踪射击，每次跃进的时间控制在 3～5 秒左右。跃进过程中切记不可停下来站在空旷地带，否则将会立刻成为敌人优先射击的目标，招致猛烈的攻击。在跃进前，一定要尽量选择有掩体或隐蔽的路线。跃进前，如果士兵在某阵地进行过持续射击或者明显暴露,这会让其位置更为敌人所关注,他们的枪口可能已经向这个位置进行瞄准,随时开火,所以在跃进之前,要从阵地翻滚或爬行一小段距离,脱离阵地正面,从其他位置发起冲击,也可朝阵地的一个方向抛出沙土或者醒目物体,然后立刻从阵地另一侧跃出,总之一切目的在于发起跃进冲击前干扰敌人的判断。

如果必须通过空旷地带,面对敌人正面火力,应该以Z字形路线跃进。在跃进过程中,当在同一个运动方向或运动姿态持续2～3秒后,可随机变换姿态、方向,如向右或向左翻滚。

美国陆军士兵穿过空旷地带

美国士兵在己方火力掩护下快速奔跑

Part 02 陆战知识实战篇

巴西陆军小队在野外行军休息

士兵在野外移动时使用手枪自卫

NO.102 美军士兵在作战时戴的手套有什么作用？

对一名士兵来说，如果在战场上不能很好地保护双手，那么就意味着失去了一切。记得曾经当兵时在练战术过程中，就没有专用的手套，爬时经常把手弄破皮,一受伤马上就会让战术动作变形,另外对伤口也是污染。现在各国军队很普遍的装备了专用的战术手套,提升训练标准和战斗力的同时,也有效地保护了士兵免受伤害。

战术手套与普通手套相比,优势就在于使用灵活,完全不会影响手指动作。且拥有普通手套所不具备的高适应度。材料优质的专用战术手套戴在手上不会有臃肿的感觉,可执行各种任务,针对智能产品的特性,甚至还可以直接触摸电子屏幕。另外专用的战术手套还具备散热功能和阻燃功能。户外作战条件下手套不光可防滑,利于稳定操枪,还有保暖功能,防止手被冻僵。

当然,战术手套种类虽多,也要根据实际要求选择。在中东地区,根据环境的温度也可以选择半指型手套,或是质地薄的手套。

战术手套根据使用者的不同身份和相关使用范围,可分为进攻型,防御型,格斗型三种类型。

进攻型战术手套,使用者在抓力和使用武器时都能带有攻击性的力量。手套本身对敌人都能造成一定伤害。

防御型战术手套主要适用在对武器的把握力和对刀具等锐利刃具的防护上,主要是减震效果明显。简单地说就是为了保护自己的手不被锐器利刃所伤害。既可以防割、防滑也可以保暖护手。

战术手套格斗型主要体现在对刀具的穿刺防御和割伤减少方面,是目前武警必备的型号。比起防御型来说,更加突出了防御作用。

士兵在作战行动中戴的战术手套

Part 02　陆战知识实战篇

为应对作战环境，士兵一般有多种战术手套

士兵在进行射击训练时使用半指型手套

NO.103 狙击作战时,狙击手最怕遇见的威胁是什么?

对于狙击手来说,最致命的威胁就是隐蔽性优势丧失。

在"二战"以前的战争中,狙击手的主要职责是在坦克战结束以后,出没在敌方的阵地前骚扰敌方,或者往敌军后方袭击官员,有时还可以执行侦查,刺杀,破坏补给线等任务。

侦查往往是因为即时攻击的需要,狙杀实际上是依赖狙击手肉眼判断其的军官着装。而这些任务的行动环境,无一例外是全面地敌强我弱,远离大部队,基本被发现就等于死亡,所以在传统上认为隐蔽性更重要。

随着科技的发展,狙击手的单兵装备越来越强,辅助狙击手的机动武器也越来越强。从冷战开始至今已经有了很大的改变,狙击手配备了大口径的狙击枪可以破坏器械,甚至可以给导弹定位。狙击手与航空兵部队搭配,可以在完成伏击以后立刻移动。一切都大大地削弱了狙击手对隐蔽性的要求。但是隐蔽性对于狙击手而言依然至关重要,只是在信息化战争的背景下,情报的缺失显得更为致命。不过在现代战争中,随着环境的变化,狙击手对隐蔽性的要求开始递减,其原因在于曾经的狙击手武器基本上就是狙击步枪,明显的特征就是多了个瞄准镜,但现在几乎很多单兵武器都可以直接外挂瞄准镜。所以武器精确性的普遍提高,使狙击手与各种士兵对隐蔽性的要求相对普遍下降。因为前线的士兵都开始注重个人的隐蔽性。

其次,狙击手的任务已经不仅仅是用枪刺杀这么简单,对于防守密切的目标人物,狙击手可以借助其他工具,比如一些地雷,榴弹炮等,或者是为导弹标记。而这一切都取决于对敌人动态情报的掌控,而不是冒着危险抵近射击。

狙击手机动能力的大幅提高也导致狙击手对隐蔽性的要求相对下降。很简单的例子,击杀完对手后狙击手的位置就会暴露,但是狙击手如果通过机动性逃避对手的追踪,就算被发现了,但是对手追不上也无可奈何。

随着战争的白热化,重要人物,重要设备也会被更好地保护。狙击手的隐蔽是为了击杀,如果因为情报的缺失而无法击杀,或者破坏,在前线干耗时间,即使隐蔽的再好也只会更危险。

最后,由于未来战争的趋势,会让越来越多的机器人加入战场,机器人对恶劣环境,狙击精准度的判断远远高于人类,对于狙击手而言,其任务就更加简单,对于潜在的近战威胁,或者恶劣环境,都可以通过高科技的外骨骼,或者即时布置的地雷等来消除。

在草丛中伪装的狙击手

狙击手正在检修狙击步枪

别告诉我你懂军事（陆战篇）

在丛林中执行任务的美国狙击分队

双人狙击小组正在执行任务

NO.104 狙击手是怎么完成远距离狙杀的？

　　一般步枪有效射击距离是 400 米，巴雷特发射 12.7 毫米口径枪弹的最大精确射程大约为 1850 米左右。完成一次远距离狙杀，必须考虑装备、环境、狙击手本身的能力和素养等众多因素。

远距离狙杀所使用的狙击步枪要求精度非常高,其枪管设计一般采用浮置式,即枪管只和机匣连接,不碰其他东西。这种设计使单发准确性只和枪管性能有关,不受其他因素影响。同时该狙击步枪还需要大口径,所用子弹装火药量多,更能保证杀伤力和精准性。

环境因素中,空气温度、湿度、风向、风速、地心引力等众多因素都是必须精准侦测的数据,哪怕是微弱的偏差也会影响弹道,狙击手要随时根据数据变化修正瞄准点。在执行指定狙杀任务时,有时候只有一名狙击手,有时候是两人小组,一人担任侦察手,一人负责狙杀。当前超过千米的远距离狙杀大多是在中东地区完成的,该地区气候干燥、风速较小,外界环境对弹道的影响较小。

除此之外,狙击手的心理素质也很重要,因此在他们的训练科目中,有隐蔽潜伏、情报侦察、战场生存和锻炼意志力、专注力、耐力等要求。

M40A3 式狙击步枪

"巴雷特" M82A1 狙击步枪

别告诉我你懂军事（陆战篇）

手持"巴雷特"M82A1狙击步枪的士兵

狙击手使用"巴雷特"M82A1狙击步枪执行任务

NO.105　狙击手在隐蔽潜伏的时候，会做些什么事？

　　在现实世界里狙击手在隐蔽潜伏的过程中，是不会一直盯着狙击镜的镜片或者一直使用狙击镜搜寻目标的，狙击手潜伏隐蔽的过程一般都不会孤身一人，而是有专门的助手与狙击手在隐蔽地区使用微光望远镜，对付敌军进行监视，当一个组员使用微光望远镜进行观察的时候，另一个狙击小组成员可以睡眠休息。

　　为此，狙击小组在丛林和野外作战时一般都是有两个阵地的。而如何隐蔽好这两个阵地就成了狙击小组能否生存并且完成任务的关键。狙击手的隐蔽阵地绝不是找有利射击位置并且用一些隐蔽色进行隐蔽，狙击小组在选择隐蔽阵地上非常有讲究。狙击小组的射击阵地和睡觉阵地不仅要拥有相对来说非常良好的视野，并且应该有天然的隐蔽条件。比如破败且光线无法射入的楼房以及树林阴影下的草丛，都可以将狙击枪的枪管和瞄准镜尽可能地隐藏在黑暗中。

隐蔽阵地后方还应该有可以迅速脱身的捷径来帮助狙击小组退出战场。而这些，都需要狙击小组用各种询问或者亲身试验以及两者在远距离使用狙击镜和望远镜互相观察来确定隐蔽性才能做到，只有具备这些要素狙击小组的任务时间才可以和野战口粮的食用和消耗时间呈正比。而更长的等待总能捕获更大的猎物，所以现在的狙击小组都喜欢前往敌占区内布置狙击阵地专挑官职大的军官打。因此狙击手已成为"电话追踪炸弹"外对指挥官生存威胁最大的兵种。

狙击手在隐蔽潜伏的时候无非就是按时定点观察被狙击目标的行动，避免出现目标乘车跑了还停留在原地傻傻等待的尴尬问题。这一般需要情报部门提前提供狙击手准确的目标作息时间，再配合狙击手持之以恒的精神才能保证目标一直在十字准心的掌控之下。其次，在观察之前狙击手最好选择一个背靠南面的墙体和山坡做好物理伪装并且灵动地观察周围的事态，才能保证自己以及狙击枪不被阳光或者是巡逻队发现，这往往需要在临战前仔细观察才能踩好足够的地点，并且保证狙击任务的完成。

在这种漫长的隐蔽等待的过程中，狙击手是不会一直让十字架在目标要害位置的，而在这个不观察的时间狙击手一般都会挖好野战厕所并且寻找撤退的路线，以保证自己撤离后的安全。野战马桶虽然只是一个小坑，但是却能避免敌方无聊的采集大便并且从基因库内找到狙击手的身份信息，虽然撤退的路不管怎么找都是在侧面或者是后方，然而一条更便捷的撤退路线可以在很大程度上保证狙击手在巡逻队下的生存概率。

狙击手在狙击站点处理好后事并且完成日常的观察任务后，在其余的时间内狙击手一般都会靠着隐蔽地面可依靠的物体进行短暂的休息，但狙击手倚靠休息的过程可以更多地理解成是在闭目养神，即使是在深夜中狙击手也在通过意志以及各种食物的辅助保持着相当浅度的睡眠，甚至路过的鸟儿都会将看似进入睡眠状态的狙击手惊醒，狙击手假如不保持浅睡眠很容易出现意外的走火以及掩体的倒塌，从而导致隐蔽狙击任务的失败，所以狙击手在无聊的时间即使休息，精神也处于高度紧张状态。

别告诉我你懂军事(陆战篇)

狙击手确定任务计划

埋伏在树丛中的狙击手

Part 02 陆战知识实战篇

狙击手在丛林进行作战训练

狙击手搭建的狙击阵地

NO.106　未来单兵武器及战术装备可能向哪些方面发展？

单兵装备和战术武器装备虽然不像战略武器一样引起全世界关注，但是却是世界主要军事强国高度关注的问题。发展到今天虽然近距离战斗不再是主要战斗形式，但是叙利亚、伊拉克实践告诉我们就算现在有了非常先进的高端武器，也不能避免巷战等近距离战斗。

为了尽可能减少伤亡，美英等世界主要军事强国都在单兵装备上花了大量精力，研发了多种让人目眩的单兵装备。总体来看未来20年单兵装备及战术装备主要会向以下几个方面的发展。

一是智能化。智能化成为现代装备发展最为流行也是最为典型的发展方向。单兵及战术装备在智能化方向具有天然优势，因此在智能化方面，单兵及战术装备可能会起到引领潮流的作用。目前美英等国致力打造的综合单兵系统都是智能化发展的典型。当然目前的单兵及战术装备智能化水平与我们的需求和期待还有较大差距，这个也是未来拥有较大空间的前提。

二是多用途化。现在单兵及战术装备总体来讲还是功能比较单一，随着未来集成技术的快速发展，多功能发展必然成为基本趋势。届时单兵装备不仅在防护能力上可以大大增强，而且在攻击能力、侦察能力、告警能力等方面都将有极大提高。战术装备也将具有多种作战能力。

三是网络化。这个网络化更多地是指利用将来高速保密的量子通信网络，单兵及战术装备与量子互联网完美结合，从而把单兵及战术装备网络节点的功能发挥到极致。届时，任何一个作战单位都将成为作战体系的一个支点，这些支点不仅能够支撑体系，而且还能够调动体系力量。

XM29 理想单兵战斗武器

此外，单兵作战系统组装上的多样化也是未来的发展方向。未来的战斗步枪可能在只保留击发装置的前提下，其余的拖把、枪管口径、导气装置都可以模块化地拆卸和更换。美国最新的 XM29 理想单兵战斗武器还融入了激光照射和发射迷你制导子弹的设计，使战斗步枪攻击掩体内或者更远的目标成为可能。而且美国还致力于将巡航导弹的激光引导装置整合到战斗步枪上以减少步兵的装备携带。相应的榴弹发射器也将获得用途上的升级以投掷美国现役的各型手榴弹。

XM25 空爆弹发射器

美国陆军领导层试射 XM8 突击步枪

士兵手持XM8卡宾枪进行瞄准射击

NO.107 核武器可以被拦截吗？

狭义上的核武器指的是原子弹、氢弹、中子弹等能自动进行原子核裂变或聚变反应，瞬时释放巨大能量、产生爆炸，并具有大规模毁伤破坏效应的武器。

而要把核武器投送出去，除了弹道导弹，还包括核炮弹、核鱼雷、核巡航导弹、核弹道导弹、核炸弹等。出于通用性的考虑，很多核武器载具也可以使用常规弹头。

现在的反导系统主要是拦截弹道导弹，而很多弹道导弹是携带核弹头的，特别是洲际导弹全都携带核弹头。由于洲际导弹速度太快，末段速度可达24倍声速，所以目前的反导系统很难拦截。美国的GBI、"标准"3等中段反导系统对于洲际导弹并没有特别大的把握。

对于装载核弹头的巡航导弹，像GBI、"标准"3等拦截效果很差，因为它们主要是拦截弹道目标，对于巡航导弹这类气动目标在设计上就没有太多的拦截考虑，所以要靠防空导弹来拦截核巡航导弹，例如俄罗斯已经列装的S-300、S-400和在研的S-500都是较好的拦截武器，理论上可在10万米之外实施拦截。

对于很多战术核武器，如核地雷、核水雷就没有什么好的拦截手段了。至于核炮弹、核火箭弹，理论上可以用防空武器拦截，如以色列发展的拦截火箭弹、炮弹和迫击炮弹的"铁穹"就是一种比较有效的拦截武器。不过实战中拦截炮弹、核火箭弹非常困难，因为打过来的炮弹和火箭弹数量极大，很难分清哪个装有核弹头，根本没有足量的拦截武器来实施拦截。

拦截核武的后果在不同的时代是不同的，早期的反导拦截武器由于精度极差，所以采用核杀伤方式进行拦截，说白了就是在敌方核弹来袭方向的上空爆炸一枚核弹，这种拦截方式效果是很差的，甚至还不如不拦截。

现在的反导拦截主要是靠动能杀伤。由于核弹里面的核材料是被分成到不到临界质量的几块，里面的炸药爆炸后把它们挤压到一起，从而超过临界质量产生核爆。如果结构遭到破坏，就很难完成这个过程，所以核弹遭到拦截后被引爆的可能性微乎其微。但是，核弹弹体结构遭到破坏，核材料会泄露出来，从而构成核污染。现在的反导系统之所以追求中段拦截，就是为了在本国领土之外拦截核弹，以避免拦截后的核污染危害本国。

1953年，M65 280毫米加农炮试射W9型15KT小型核弹

1954年3月26日试爆的1100万吨巨型战略核弹

B61弹头内的引爆核材料

Part 02　陆战知识实战篇

美国"萨德"系统

NO.108　发生核战如何选择逃生？

核战爆发时，如果正处于核爆中心，那么逃生显然是没有意义的，因为人会被核爆的高温蒸发掉。不过如果核战规模较小，发射的核弹威力不够大。例如在几十万 TNT 当量的战术核武器面前，逃生概率显然要大得多。

核武器爆炸后，会产生一种放射性尘埃，放射性尘埃是核爆后融化的物质和核爆物质结合形成的放射性物质，会向外辐射三种射线，分别是 α、β、γ，前两种射线波长相对较长，能量较小，穿透力不强。而 γ 射线则频率高，波长小，穿透力极强，可以穿透 2.5 米的钢筋混凝土墙，一旦照射人的身体，就算杀不死人，也会造成严重损伤，会引起基因变异，带来终生痛苦。但是放射性尘埃一般会被大自然主动净化，需要等待至少 48 小时，这时可选择食物和饮用水多的地方等待。

48 小时之后，一般放射性尘埃可以减少到最初的 10%，如果人在核弹头杀伤范围内，逃生是没有意义的，不过这个杀伤范围随着距离增加有个梯度递减，如果只是在波及范围内，最简单的逃生当然就是向爆心相反的方向离开。由于此时人很可能已经受到辐射伤害，因而也应当在此过程中尽快寻求医疗帮助，即使人的身体还没有出现明显不适。同时，核爆炸后破坏范围最广的因素——放射性尘埃的扩散也会比人的逃生速度快，范围大，因而人也要密切观察风向和降雨降雪等情况，尽量向上风方向逃，避免皮肤接触到降水和降雪，地表水当然也是不能饮用的。因此，这又牵涉到有无准备。如果有可能，事先备有饮用水、防护服装甚至简单的辐射测量仪表的人，逃生概率当然也要大得多。

核战争的另一个重要特点是，一定要打击具有重大价值的目标，不管是从其高成本，还是核战的末日特性来说。这些目标要么是大城市，要么是重要军事目标。对于分散的广大地区和人口，哪怕是中小城市，只要没有军事和心理意义，除非是误击，否则是完全没有必要使用核武器的。而且用核武器去消灭分散人口不光毫无意义，也很可能没有机会。因为当今世界核力量之间有相互威慑和平衡作用，没有谁能如此从容地杀戮而不引起报复。

核战时，如果你所在的城市没被直接打击，而你所在的地方又没有重大军事或经济价值，则不需要逃生。当然，个人对情况的掌握总是有限，比如你所在城市其实是有秘密导弹阵地的，或者机动导弹临时到了那里，所以作为预防，逃到城市之外的地方理论上生存把握会更大。但也最好不要个别行动，有群体的力量更好。

人类首次用于实战的核武器——"小男孩"

Part 02　陆战知识实战篇

比基尼海滩的核试在当地留下大量辐射尘

核弹爆炸会造成巨大的杀伤力

NO.109　核爆炸会损毁地下防核战设施吗？

现在世界上各大国的战略防护工程都是从冷战时期开始建造的，而且一直在不间断地改扩建，几十年间耗费无数人力物力建造的地下防核战设施，可想而知有多坚固。

首先是足够深，以美国夏延山军事基地为例，以整个山体作为掩护，从山顶部到基地入口，差不多有500米，俄罗斯的莫斯科地下防护中心深入地下200多米，重要战略指挥中枢在地下270米，核武器爆炸后产生的冲击波在深入地下时，会不断衰减，到地下几百米时已经基本衰减得差不多了。

美国进行"三位一体"核试验所使用的原子弹

Part 02　陆战知识实战篇

其次是采用坚固的防护层,核武器爆炸后产生的冲击波会引起地下地质层的变形甚至断裂,因此,美国的夏延山军事基地以整个夏延山的花岗岩岩层作为防护层,苏联的莫斯科地下防护中心采用厚度达180米的钢筋混凝土进行加固,以保证防护工程的安全。

地下防核战设施的建筑采用大量的高强度钢筋混凝土修筑,还有能够减缓震动的螺旋弹簧和橡胶减震器,在主体坑道建筑物的顶部岩石中开挖一些小洞室,即所谓"保护伞"措施;在主体坑道周围钻一些"隔震洞室";在围岩与钢筋混凝土结构之间回填能起到吸收能量作用的松软泡沫材料。

建筑物外面还有一层厚厚的钢板以屏蔽电磁脉冲。各隧道之间均有多到防护门和大量防护器材,如果遭到破坏,便立即封堵,杜绝辐射污染物进入。

美国进行"克星-争吵"行动核试验

运输中的美国 Mk 53 核弹

核弹运输挂架

NO.110　核爆炸有哪些方式？

根据爆炸当量，爆炸相对于地面、水面的位置，爆炸方式可分为空中核爆炸、高空核爆炸、地面核爆炸、地下核爆炸和水下核爆炸等五种。

空中核爆炸

即距地面一定高度之上（小于 30 千米）的核爆炸。爆炸瞬间先出现强烈明亮的闪光,后形成不断增大和发光的火球。冲击波经过地面反射回到火球后使火球变形,呈上圆下扁的"馒头"状,最后,从地面升起的尘柱和烟云共同形成高大的蘑菇云。在冲击波所到之处还可听到多声巨响。火球的最大直径和发光时间、蘑菇云稳定时的高度主要决定于爆炸的 TNT 当量。对于 2 万吨 TNT 当量的核爆炸,火球最大直径约为 440 米,发光时间约为 2.4 秒,稳定蘑菇云的高度约为 11 千米。

高空核爆炸

即在距地面高度大于 30 千米处的核爆炸,火球大体上是一个竖直椭球,其膨胀、上升速度和最大半径都比空中核爆炸时大得多。爆炸高度如大于 100 千米,火球现象消失,因光辐射的照射,在 80～100 千米的高度上形成发光暗淡的"圆饼",同时在爆点下方和南北半球对称区域(称为共轭区)产生人造极光和其他地球物理现象。

地面核爆炸

地面核爆炸与空中核爆炸基本上相似,地面核爆炸的特点是:火球呈半球形,烟云与尘柱从最初就连接在一起上升,并向四周抛出大量沙石,形成弹坑。

地下核爆炸

地下核设备的引爆会释放出大量的能量,使试验点周围区域内相关的地质和设备材料发生蒸发。实验产生的高温和压缩的震动波会使试验点生成空隙和裂隙或者改变洞壁上的结构。孔穴是汽化作用和原始的地质介质的压缩所造成的。孔穴的大小(或半径)可以根据爆破能的作用力、埋藏的深度以及地质介质的强度而估算出来。孔穴最大尺寸在爆炸发生后的 1/10 秒内即可达到。在接下来的几秒钟,发生爆炸、温度冷却、气压消散、孔穴内气体的成分开始按顺序冷凝,冷凝顺序按相对蒸汽压或沸点进行。首先,岩石和重放射性核素元素,同墙内壁上的熔融岩块一起,在洞的底部积聚成熔融的泥胶土。试验几小时或几天后,上面的材料坍塌进入洞内,形成一个垂直的"碎石"竖井,这个"竖井"随着地面的扩大而扩展,在那里形成一个弹坑。部分倒塌的材料会落入熔融胶泥体内。如果最初的爆炸点位于地下水之下,则地下水此时会再次涌入洞内。

水下核爆炸

即在一定水深中的核爆炸,也会形成火球,但规模比空中核爆炸小,发光时间也短得多。火球熄灭后在水中形成猛烈膨胀的气球(主要成分是水蒸气），引起水中冲击波，气球上升到水面时，抛射出大量蒸汽，同时有大量水涌入爆炸中形成的空腔，因而形成巨大水柱，其上方继续向外喷射放射性物质，形成像菜花一样的云顶，其高度远低于空中爆炸所形成的蘑菇云[见图（水下核爆炸）]。水柱下沉时，形成由水滴组成的云雾（称基浪），从爆心投影点向周围快速运动，而在投影点上空产生的云团随风飘移，会造成持续近一小时的大雨。在足够深处的水下爆炸则不出现菜花云。

1953年4月18日内华达试验站，23000吨当量核爆

水下核爆炸

Part 02　陆战知识实战篇

地下核试验后形成的巨型大坑

高空核爆炸

 NO.111　核武器长时间不使用怎么处理？

核武器寿命 12 年到 30 年，要彻底失去辐射要上百年，全世界核大国的

战略核武器,都属于二代核武器,最容易失效的不是那些核燃料,是化学炸药组件和点火装置,运载火箭也非常昂贵。对于核弹这样的高价值弹药,一种方法是延寿,另一种方法就是拆除做销毁处理,但对于原子弹,氢弹之类武器,不管多长时间,都存在很大威力。

目前的核弹头,大部分都是采用"分装储存"的办法保存的,就是把核弹头的各个部件拆开,包括裂变材料(分为好几块)、聚变材料(氘氚化锂或者是氘氚气体)、高能炸药(也分为预制的几块)以及电子线路(包括电子点火器)等部件。这些部件都按照"规范"进行保存,并定期测试。如果发现某个部件的质量不能达到要求,就进行维修或者更换。

美国人是有"整装储存"(核弹头整体储存)技术的,但储存和检测费用显然比"分装储存"高。但"值班核弹头"的数量很少,多了也没有必要,所以总体费用不高。当然也可以采取"不断装配,不断分解"的值班方法,在短时间保存少量已经装配好的核弹头。

展览中的美国 Mk 41 核弹模型

Part 02　陆战知识实战篇

苏联"沙皇炸弹"氢弹模型

士兵正在准备投放 M388 核弹

M388 核弹头部特写

NO.112 原子弹和氢弹哪个的威力大？

世界上第一颗公开爆炸的原子弹是在日本广岛引爆的"小男孩"。当时，美军在广岛上空一万米的高空扔下，而"小男孩"在距离地面 600 米的高度就爆炸了。爆炸的威力相当于 1.3 万吨 TNT 炸药，其中心温度达到了 30 万度，直接将半径 1000 米以内的东西都烧熔了，而半径 3000 米内的东西都遭到了毁灭性的破坏，造成了广岛市区 60% 以上的建筑物被毁。

世界上第一颗公开爆炸的氢弹是在美国马绍尔群岛的比基尼环礁，时间是 1954 年，而且值得注意的是这一次爆炸还只是试验阶段。当时，美国预估这次爆炸的威力大约有 600 万吨 TNT 的威力，但实际爆炸的威力达到了惊人的 1500 万吨 TNT 的威力，和"小男孩"的 1.3 万吨威力相比不知道高了多少个等级。其中心温度更是达到了 3.5 亿度，相比太阳的 1500 万度，氢弹的中心温度相当恐怖。

而这一次爆炸也直接影响到了 20 万米以外的地区，造成了太平洋史上最大的核污染事件，据说在 22 万米外还能看到这次爆炸产生的亮光。当时，正好有一艘叫作"福龙丸"的日本渔船在距离爆炸点 20 万米的地区作业，爆炸导致船上 23 名渔民受到了不同程度的辐射伤害，一半以上的人因此在半年内相继去世。

原子弹和氢弹的原理截然不同，原子弹是利用重核裂变反应产生的能量，而氢弹则是利用轻核聚变反应产生的能量。由于原理上的差异，氢弹的威力虽远大于原子弹，但氢弹需要原子弹引爆。

原子弹的能量来自核裂变反应，所以这种类型的炸弹又被称为裂变弹。原子弹所使用的核裂变物质是铀-235 或钚-239。这些重原子核极不稳定，它们在受到中子的轰击时，将会分裂成较小的原子核，同时又释放出数个中子，在此过程中的亏损质量可转化为能量（可以通过质能方程计算出来）。核裂变反应产生的中子又会去撞击其他原子核，从而引发链式反应，并产生巨大的能量。此外，原子弹还会释放出具有放射性的裂变碎片，这会造成放射性尘埃。

氢弹的能量来自核聚变反应，所以这种类型的炸弹又被称为聚变弹。氢弹所使用的核聚变物质是氘和氚，它们都是氢的同位素，氘比氢多了一个中子，氚比氢多了两个中子。氘和氚在高温高压下能够聚变成氦，同时释放出巨大的能量。因此，氢弹的爆炸需要由原子弹来引发。

氢弹的核聚变反应并不会造成放射性尘埃，但由于该反应由核裂变引发，所以氢弹也会造成巨大的核辐射。由于核聚变反应产生的能量巨大（太阳的能量来源正是核聚变反应），所以氢弹的当量远大于原子弹。苏联的沙皇炸弹是迄今为止引爆的威力最强的核武器，其爆炸当量相当于 5000 万吨 TNT。

"沙皇炸弹"爆炸形成的蘑菇云

"沙皇炸弹"模型后侧方特写

爱德华·泰勒被誉为"氢弹之父"

"瘦子"原子弹进行钋枪测试

NO.113 原子弹的破坏效应有哪些？

原子弹的破坏力和杀伤破坏方式主要有光辐射、冲击波、早期核辐射、电磁脉冲及放射性沾染等。

光辐射

原子弹引爆后，在核爆过程中会释放出强烈的辐射光。1 枚当量 2 万吨左右的原子弹在当空爆炸后，距离爆炸核心 7000 米的地方人会受到比阳光强 13 倍的光辐射的照射。而在 2800 米范围内，光辐射会使人迅速致盲，且皮肤会因为光辐射照射而大面积灼伤溃烂，一些物体也会燃烧。

冲击波

原子弹爆炸后，核爆会产生出一种巨大的气流超压。一枚 3 万吨当量的原子弹爆炸后，在离爆炸核心 800 米处，冲击波会以 200 米/秒的速度席卷一切。

早期核辐射

在原子弹最初起爆的几十秒内，核爆会释放出中子流和 γ 射线。一枚 2 万吨当量的原子弹爆炸时，离它 1100 米以内的人员单位会受到射线和中子流的极度杀伤。

电磁脉冲

原子弹爆炸所造成的核爆会制造出电磁脉冲，而电磁脉冲的电场强度可达 1 万至 10 万伏，完全可以摧毁起爆点周围的一切电子设备。

放射性沾染

在原子弹爆炸后，随着蕈状云的飘散会有大量的放射性粉尘飘落到地面，这些粉尘可对人体造成照射或皮肤灼伤，严重者最终导致死亡。

苏联的第一枚原子弹——RDS-1

RDS-1 原子弹爆炸形成的蘑菇云

Part 02　陆战知识实战篇

"胖子"原子弹的模型

NO.114　有没有反原子弹的武器？

原子弹和氢弹在内的核武器是人类有史以来研制的威力最大的武器，其破坏力远远超过以往的任何常规武器，如果从威力衡量，目前人类除了核武器本身之外还没有一种武器能对其进行克制，所以单纯地反核武器的武器是不存在的。但是，原子弹和氢弹从本质上来说是一个通过核反应释放巨大能量的爆炸装置，和枪弹、炮弹、炸弹的道理一样，只有将核弹头投送到指定目标位置才能发挥作用，因此核弹必须与不同的运载投送平台相结合才能构成完整的核武器系统。

投放在长崎的原子弹"胖子",最初是以核炸弹的形式面世,这种核武器没有机动能力,需要由飞机运载,空投到指定地点。

最初核武器最主要的投送方式是空投,由轰炸机运载核炸弹飞临目标上空进行投放,在导弹武器日益成熟之后,核弹头与导弹的结合就成为最佳的核武器组合,也是目前核武器最为普遍的存在形式。虽然也有核炸弹、核鱼雷、核地雷、核炮弹等类型的核武器,但最多的还是核导弹,包括战略核导弹和战术核导弹。核导弹也有多种发射方式和发射平台,比如地面发射井、公路机动运输发射车、铁路机动运输发射车、战略轰炸机和核潜艇等。因此,在一场可能发生的核大战中,要克制对手的核武器,实际上就是要抢先摧毁对手的核武器发射平台。

核导弹是目前核武器最普遍的存在方式,不过打击导弹发射平台是比较困难的。

不过,核武器发射平台形式多样,或者受到严密的保护,极难摧毁,或者机动隐蔽难以发现,很难做到完全摧毁。因此,就催生了另一种克制方式,即在核导弹飞行过程中摧毁导弹本身,这就是我们时下热议的反导系统,通过卫星、雷达等组成的监控系统捕获核导弹的飞行轨迹,并在不同飞行阶段以不同的武器击毁导弹。

目前,反导系统是核大国都在竞相研发的尖端技术,同时反导系统的发展又推动了导弹突防技术的进步。

长崎爆炸腾起的蘑菇云

Part 02　陆战知识实战篇

美国在二战后生产的"胖子"四型核弹

"小男孩"在广岛上空引爆

NO.115 炸弹爆炸时，卧倒真的有用吗？

战场上最多的受伤原因是炸药冲击波对人的冲击，其次才是弹片溅射。爆炸时产生的爆炸波以环状或球状向外无缝扩张，根本躲不过去，最好的应对方法就是趴下，而且要背向爆炸源，用身体吸收冲击能量，不要用脑袋指着爆炸中心。最好能找个掩体，并且双手抱头，防止弹片和物体的坠落伤害。

一战时期，英法德等交战国就发现炮弹的杀伤范围呈扇形，以至于当时各国军队在冲锋时，一般都通过卧倒躲避炮弹碎片的杀伤。专家也指出，卧倒除了可以避免被致命的弹片杀伤以外，还可以缓解爆炸时冲击波对士兵的杀伤，众所周知，用于对付步兵的炮弹是高爆杀伤弹，这种弹依靠高能炸药的爆炸，把弹体炸成破片，然后用高速飞行的破片打击步兵，炸药产生的冲击波也能起到一部分杀伤作用。炮弹的破片在炸药的驱动下飞行速度极快，可以高达 1500~2000 米/秒，比坦克炮穿甲弹的初速还快。

如果一个士兵直立，那么他的受弹面积就会很大，会遭到很多破片的攻击，所以炮击时卧倒比站立更安全。有人说人只要身处炮弹的有效杀伤半径之外，即使站着也不会被破片打伤。在这个范围里，保证在一个人体大小的面积里有至少一块破片的密度，也就是说这个半径里所有站着的人都会被击伤。虽然破片受到的阻力也很大，飞行一段距离就会失去杀伤力，但这段距离并不短。比如主流的 155 毫米榴弹炮的杀伤半径有 20 多米，但实验中一些离爆炸点有四五十米之遥的目标身上也有击中的破片。所以无论士兵是不是身在杀伤半径之外，一旦发现被炮击就要卧倒躲避破片。

虽然高爆杀伤弹主要利用破片攻击目标，但它们巨大的装药量也能产生强大的冲击波，在一定范围里这

电离辐射的标志

非电离辐射的标志

Part 02 陆战知识实战篇

些冲击波也会伤害步兵。以美国最新的M795炮弹为例,它的口径为155毫米,装药量达到10.5千克高爆炸药,当量约为13千克TNT。计算一下,它在8米的距离上可以对步兵产生肺出血的中等伤害,这个距离也很长了。因为一定距离外地面会对冲击波造成衰减,所以卧倒对于防御冲击波也是有帮助的。而如果身边有可以利用的掩体的话,士兵就应该用掩体掩护自己而不是就地卧倒。因为卧倒在平地上并不能保证完全不会被破片击中,掩体对冲击波的衰减也更强。

炸弹爆炸时形成的蘑菇云

美国进行"常春藤行动"核试验

NO.116 拥有核武器之后，还需要发展其他军事力量吗？

自从二战末期美国在日本投下两枚原子弹之后，核武器一直没有再在战场上正式使用过。尽管如此，依然有无数的国家花费无数的精力试图获得这个"大杀器"。

核武器的功能之一是象征意义，并且这种象征有两个层次。

（1）向国内民众展示自身的合法实力，特别是作为维护国民之生存的能力，毕竟核国家之间不起战争。

（2）向国外竞争者宣示自身的强大。从武器直接关联来看，国家需要

Part 02　陆战知识实战篇

一些能够真正用在战场上的武器,毕竟国家与国家之间的对阵、国家对内的稳定都需要常规武器的支持。国家与国家之间"安全困境"的现实也需要在核武器之外,以常规武器来应对,国家的第一目标是生存,因此需要自助。

从武器衍生的效益来看,国家内部有若干围绕武器发展诞生的利益集团,这些利益集团贯穿于武器技术开发的始终,技术开发越高,利益集团便可在国家政治议程上居于更高地位,技术开发越强,这些利益集团在左右国家对外政策和获取巨额军火利益上便越得心应手。例如美国,其战车体制是很明确的。

从武器技术的间接效益来看,军工技术发展也会促进整体科技的发展,从而推动国家的整体科技发展,特别是军民融合更可以推动国家的持续发展。

W-9核弹头是美国第一种可以人工携带的核武器

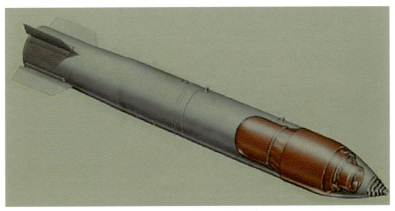

B83核弹的结构示意图

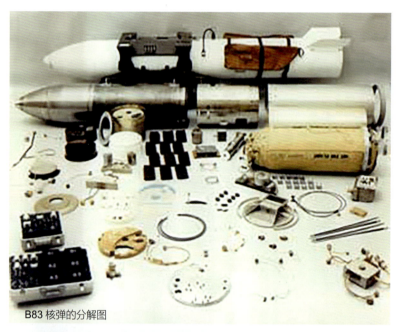

B83 核弹的分解图

多枚 B83 核弹套管

Part 02　陆战知识实战篇

NO.117　非致命性武器会在未来战争中取代传统致命武器吗？

战争的本质就是消灭对手的有生力量和装备、建筑等，摧毁敌人所有力量，尤其是有生力量，从古至今这是一个亘古不变的硬道理。无论在什么时候，无论在什么地方，只要有战争发生非致命杀伤手段都不会取代致命性杀伤手段。

非致命性武器，亦称"软杀伤武器""失能武器"和"低附带损伤性武器"。它能有效地使武器装备失灵或使人员丧失工作能力，而不造成大规模人员伤亡和设施破坏，最低限度地减少附带损伤。非致命性武器将在未来的战争中扮演越来越重要的角色。非致命性武器是现代作战力量的"倍增器"，在一定条件下还可起到撒手锏的作用，对战争进程产生重大影响。

非致命性武器与杀伤性武器很难完全分开来看，因为即使是看起来平和的橡胶震暴弹导致的致死案例也数不胜数，在1970年到1975年，英国政府大规模使用橡胶弹，共使用了5.5万发，有研究数据指出平均4230发橡胶弹就有一人死亡，非致命性武器不仅可造成人员身体和心理的严重伤害，甚至可以导致死亡。比如：高频率的射频波束闪击对方人员，未遭受直接闪击的人员，大脑内部会产生强烈的热胀冷缩而出现神经错乱、晕头转向等症状；而遭受直接闪击的人会出现心脏停跳呼吸停止等症状，还有噪音武器，当噪音超过150分贝时，人的听觉就会全部丧失；超过175分贝，人就会丧生。

现代武器的发展史，其实就是追求

M84 闪光弹

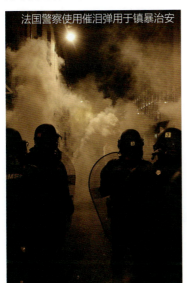

法国警察使用催泪弹用于镇暴治安

更加有效地杀伤敌人的历史，比如小口径步枪弹，虽然子弹更小，但是击中人体之后，翻滚形成的空腔更为巨大，同时也更加致命。再比如能迅速消耗爆炸区域氧气让敌人窒息而死的温压弹、能让区域内生物灰飞烟灭的集束炸弹等，都更加致命和有效。因为战争需要的就是速战速决，快速有效地杀伤敌方有生力量才能赢得胜利。而像人道主义等，实际上在战争的迫切需要下是苍白无力的。

当然，非致命性武器依然会得到发展，比如催泪瓦斯、橡皮弹等，在针对诸如暴乱、群体犯罪等事件时十分有效，能尽量降低造成的损害，但是对于血腥残忍的战争而言，非致命性武器重要性就没有那么大了，先把危险的敌人消灭掉才能谈人道主义，不然就是白白牺牲军人们的生命。

非致命性高科技武器造价高昂，不易大规模量产，在未来战争中不可能完全替代现有的致命性热武器。

士兵使用烟雾弹进行军事训练

Part 02　陆战知识实战篇

使用 FN 303 非致命性弹药发射器的美国士兵

NO.118　现代战争中，激光武器能打多远的距离？

激光武器，是使用高能量的激光对距离非常远的目标进行打击，或者用于拦截导弹等，一般激光武器可分为战术激光和战略激光两类。激光武器具有快速，精准，灵活，能够抵御电磁干扰的优点，在各式武器中，拥有成本低，速度快，精确度高，射程远的各种优点，但唯一缺点也是致命的，不能在大雨大雾以及暴雪条件下正常发射，还可受到大气的影响，所以最理想的环境，是在太空。

虽然激光武器拥有一定的短板，但是其优势也是毋庸置疑的，鉴于该款武器的前景非常大，美国、英国等都对其投入了巨大的资金和物资进行研究，制订了超前的计划，组织了庞大的科研队伍，对激光武器进行研发制造。到20世纪90年代时，美国对激光武器的军事研发就投入了高达90亿美元的金额，苏联和英国也曾在军舰或者陆地上对其进行了实验。

激光武器的消费比是很高的，因为在防空领域，当前主要是以导弹为核心，其次是密集阵武器系统，但激光相比导弹而言，每次使用的消耗是少得多的，一枚美国的导弹造价约为 60 到 70 美元，便宜的也需要 2 万美元，但是激光使用一次成本也才千余美元，随着科学技术的进步，激光每次发射的成本将会降到更低，可能只需几百美元即可。

美国曾使用激光武器对无人机进行射击，击毁了 4 架。据称，4 架无人机达到 480 千米/时的速度从美国本土飞过，在距离 4 千米里之外的美国海军军舰搭载的密集阵系统对其进行跟踪定位，数秒后，只见四架无人机闪烁出一火光，坠落而下，这就是被高能量激光武器击中时的情景，仅仅用了数秒而已。

激光武器现阶段也可分为多个种类，目前实际应用的是战术类激光武器，该类激光武器可进行光干扰和致盲，曾发生过飞行员驾驶战斗机准备攻击舰船的时候，飞行员突然两眼刺疼什么也看不见，不得不弃机跳伞，这就是被致盲激光射中，严重还可能终生失明。

在美国与俄罗斯同时研究激光武器的期间，美国的两颗卫星曾被俄罗斯的激光武器，射击干扰，使其无法正常运行。

美国已具备一定实战能力的 LaWS 激光器，其功率为 30 千瓦，在 2014 年进行水上实弹试验，可对抗小型船只、无人机和导弹。

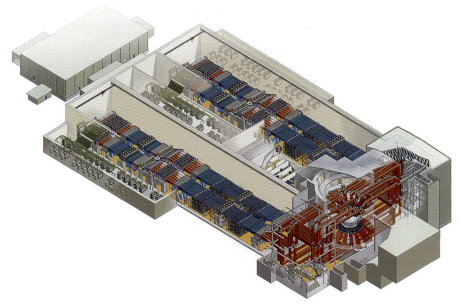

美国 NIF 国家点火设施，意图用多束激光集中高温产生可控核聚变

从星火光程实验室射向空中一点处的三条绿色激光束

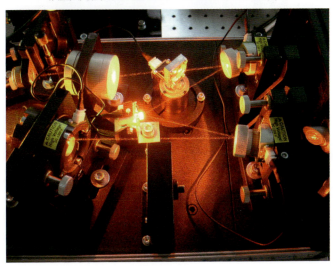

连续激光器

YAL-1 机载激光系统,目前是全世界最大的可移动激光炮塔装置

NO.119 现代战争附带毁伤越来越少的原因是什么?

古往今来,不论是发生在何时何处,战争总会给人类造成大小不等的人员伤亡和财产破坏。战争带来的毁伤和破坏,在学术上大致可分为两类:第一是必要毁伤,第二是附带毁伤。必要毁伤,主要指为了达到战争目的而必需的破坏,比如炸毁敌军的军事工厂和军事基地,派出部队袭击敌方将领等;而附带的毁伤指与达到战争目的无太大关系甚至没有关系的无必要破坏,比如二战时期英国轰炸机误炸法国居民区和学校以及误伤平民等。在诸如一

Part 02 陆战知识实战篇

战二战这样的工业时代战争中,附带毁伤往往非常严重。机枪的出现使不必要人员伤亡大量增加,越来越先进的大口径火炮则能够毫不留情地炸毁敌军……以及他们周围的一切。那时候,摧毁作战目标一般代表着要连带着将其周围的一些建筑或环境通通破坏掉。但在现代信息化战争中,精确制导武器的出现改变了这一切。战争中的必要毁伤持续减少,附带毁伤也在降低。

第一,因为科技持续发展,战场透明度增大,交战双方都可以避免遭遇突然袭击措手不及而导致大量伤亡,也可以避免实施不必要的直瞄火力战和火力覆盖。

第二,现代的信息化战争讲究"手术刀"式打击(也就是精确打击),不再会使用如地毯式轰炸这样的低级低效的战术。此外,由于制空、制海权制胜的作用越来越强,地面部队的重要性也越来越低,地面的集团对抗已经在逐步退出战争舞台。因此,现代战争中可能造成的附带毁伤会越来越少。

黎巴嫩陆军的巷战装甲车掩体

复杂的建筑物结构常常成为战斗的额外阻碍

德军第二加强步兵连的士兵正搜查一座建筑物

Part 02　陆战知识实战篇

美国 M1 主战坦克正对一栋建筑射击

NO.120　化学武器有哪些危害？

与常规的武器相比，化学武器杀伤力更大，传播途径更广，持续时间更长。在大规模杀伤性武器的三大家族中，化学武器最早出现，而且与核武器、生物武器相比，它的研制费用和技术难度都相对较低，几乎所有具备化工工业的国家都能生产，所以这对于那些不发达国家来说，化学武器就是他们的撒手锏，被称为穷人的原子弹。

目前，世界上按化学毒剂的毒害作用，通常把化学武器分为 6 类：神经性毒剂、糜烂性毒剂、全身中毒性毒剂、窒息性毒剂、失能性毒剂、刺激性毒剂。而在这 6 类化学武器中，神经性毒剂、糜烂性毒剂、窒息性毒剂和全身中毒性毒剂都是致命毒气,不但杀伤力大而且会使受害者非常痛苦。作为一种特殊的武器,化学武器主要靠毒性发挥作用,而且它可通过多种途径传播,杀伤范围也非常广。

在现代战争中,化学武器第一次投入实战是在一战期间,其始作俑者就是德国著名化学家,被称为战争魔鬼的弗里茨哈伯。化学武器在一战的首次亮相就取得了空前的效果,被称为终极武器。它巨大的威力,促使各交战国开始大规模研制和使用,化学炮弹和皮肤糜烂性毒剂相继面世,化学战愈演愈烈。据统计,在一战中,化学武器造成的伤亡达到了117万人,至少有8.5万人死亡,另外化学战后的幸存者有60%终身残疾。进过一战惨烈的化学战后,1925年《日内瓦协议》中再次重申禁止使用毒气,各国也都明白化学战的结果只能两败俱伤。因此在二战期间,尽管各主要参战国都做了毒气战方面的充分准备,但大规模的毒气战没有出现。

1992年11月,《禁止化学武器公约》在第47届联合国大会上一致通过,1997年4月29日,该公约生效,这是第一个全面禁止并彻底销毁这类大规模杀伤性武器并具有严格审查机制的国际军控条约。虽然化学武器杀伤力很大,破坏力很强,但它在使用时也受气候、地形、战情等的影响,所以它也并不能为所欲为,也具有很大的局限性,而且,同核武器和生物武器一样,化学武器也是可以防护的。可以采用各种手段来破坏敌方的化学武器和设施等,也可以戴防毒面具穿防毒衣等避免吸入毒气。

防化学战装备

Part 02　陆战知识实战篇

美军生化演习

德国核生化防护车在模拟区演习

带着防毒面具的叙利亚士兵手持 AK-47 突击步枪作战

参考文献

[1] 郭漫. 青少年必读：世界陆军武器图鉴 [M]. 北京：航空工业出版社，2010.

[2]《尖端武器装备》编写组. 尖端陆军武器 [M]. 北京：中航出版传媒有限责任公司，2014.

[3]《军事装备 ARMS》杂志社. 世界武力全接触——美国陆军 [M]. 北京：人民邮电出版社，2012.

[4] 福特. 坦克（世界武器手绘珍藏本）[M]. 北京：中国青年出版社，2006.

[5] 军情视点. 陆军武器大百科 [M]. 2版. 北京：化学工业出版社，2017.

世界武器鉴赏系列